新时代新理念职业教育教材·铁道运输类
校企“双元”合作开发教材
再现岗位真实工作情境创新型教材

U0882701

高速铁路乘务作业综合实训与一体化演练

主编　刘　辉　曹　颖　葛虹宇　张宏权
主审　王　涛

北京交通大学出版社
·北京·

内 容 简 介

本书依托职业教育专业简介（2022 年修订）、职业教育专业教学标准等规范和文件，由职业院校骨干教师、铁路企业一线专家、出版社资深编辑合作进行编写。本书在系统介绍高铁乘务工作岗位 28 个工作任务的基础上，利用活页式教材可将内容进行灵活组合的形式优势，将 28 个工作任务进行随机组合，再现高速铁路乘务工作岗位的真实工作情境，达到仿真实训的目的，可有效地提升人才培养质量。本书体系完整、内容全面、使用灵活，是一本校企双元合作开发的新形态活页式创新型教材。

本书适合作为职业教育高速铁路客运服务专业、铁道交通运营管理等专业的教材，也可作为铁路企业职工的培训用书。

版权所有，侵权必究。

图书在版编目（CIP）数据

高速铁路乘务作业综合实训与一体化演练 / 刘辉等主编. -- 北京 : 北京交通大学出版社, 2024. 5. -- ISBN 978-7-5121-5262-5

Ⅰ. U298.1

中国国家版本馆 CIP 数据核字第 2024ZQ8110 号

高速铁路乘务作业综合实训与一体化演练

GAOSU TIELU CHENGWU ZUOYE ZONGHE SHIXUN YU YITIHUA YANLIAN

责任编辑：刘　蕊　　助理编辑：张馨天

出版发行：北京交通大学出版社　　电话：010-51686414　　http://www.bjtup.com.cn

地　　址：北京市海淀区高梁桥斜街 44 号　　邮编：100044

印 刷 者：艺堂印刷（天津）有限公司

经　　销：全国新华书店

开　　本：185 mm×260 mm　　印张：9.75　　字数：240 千字

版 印 次：2024 年 5 月第 1 版　　2024 年 5 月第 1 次印刷

印　　数：1～2 000 册　　定价：46.80 元

本书如有质量问题，请向北京交通大学出版社质监组反映。对您的意见和批评，我们表示欢迎和感谢。

投诉电话：010-51686043，51686008；传真：010-62225406；E-mail：press@bjtu.edu.cn。

前　　言

活页式教材是新形态教材的重要表现形式，如何领会活页式教材开发的精神实质，编写体现活页式特点、优势的真正意义上的活页式教材是摆在职业教育界、行业企业界、教材出版界面前的重要课题。

本书依托职业教育专业简介（2022 年修订）、职业教育专业教学标准等规范、文件，由职业院校骨干教师、铁路企业一线专家、出版社资深编辑合作进行编写，是一本校企双元合作开发教材。

高速铁路乘务工作既有固定的流程（始发、途中、终到作业），又面临专项接待、非正常情况、突发安全故障等特殊情况，高速铁路乘务作业实训课程，既要按顺序实施一次乘务作业的常规项目实训，又要安排各类特殊情况的实训，且必须做到随机、多元组合，做到一体化演练，才能还原、再现真实的乘务工作情境，提升人才培养的效果。

本书分为 3 个模块，共包含 10 个项目，在系统介绍高铁乘务工作岗位 28 个工作任务的基础上，利用活页式教材可将内容进行灵活组合的形式优势，将 28 个工作任务进行随机组合，再现高速铁路乘务工作岗位的真实工作情境，达到仿真实训的目的。本书体系完整、内容全面、使用灵活，是一本校企双元合作开发的新形态活页式创新型教材。本书适合作为职业教育高速铁路客运服务专业、铁道交通运营管理等专业的教材，也可作为铁路企业职工的培训用书。

本书由北京交通大学出版社刘辉编辑、齐齐哈尔高等师范专科学校曹颖老师、齐齐哈尔高等师范专科学校葛虹宇老师、西安城市建设职业学院交通旅游学院张宏权老师联合主编，中国铁路沈阳局集团有限公司客运部副部长王涛高级工程师担任主审。由于编者水平有限，不足之处在所难免，恳请广大读者批评指正，反馈本书意见、索取教学资源可通过电子邮箱（hliu3@bjtu.edu.cn）进行联系。

编　者

2024年5月

目　　录

模块 1
高速铁路乘务常规作业实训

高速铁路乘务常规作业包含高速铁路乘务员一次出乘过程中，按流程实施的始发作业、途中作业、终到作业。本模块下设 3 个项目：始发作业实训、乘务途中作业实训、终到作业实训。

项目 1.1　始发作业实训

任务 1.1.1　出乘准备作业

实训目标

（1）掌握乘务岗位真实工作任务：高速铁路始发作业——出乘准备程序
（2）掌握乘务岗位真实工作任务：高速铁路始发作业——出乘准备标准
（3）锻炼自主学习能力和实际动手能力

实训方案

第一步	由教师介绍实训的目的、方式、要求，调动学生实训的积极性
第二步	对学生进行分组，确定各小组的组长和人员分工，制订小组实训计划（了解团队要做什么，要达到什么目的）
第三步	教师介绍高速铁路始发作业——出乘准备的相关知识、技能和案例并布置任务
第四步	各小组对教师布置的任务进行讨论，并记录小组成员的发言
第五步	各小组逐人进行实训作业，小组长拍摄视频并撰写实训小结
第六步	各小组的组员进行自评，组长对各组员进行评价
第七步	各小组长汇报实训小结，教师点评、总结

实训步骤

真实工作任务	细分工作环节	实训步骤
出乘准备作业	出乘作业	（1）乘务员提前 2 h 到派班室报到，准时参加出乘会，接受列车长布置的本趟重点工作，接受上级命令、指示，明确本趟乘务任务，主动将烟火交列车长统一保管。 （2）乘务员整理仪容仪表，着装规范整齐，确保精神饱满、着装及仪容标准符合要求；乘务箱、备品、证件携带齐全，检查个人使用的设备（电台、移动补票机、站车无线交互系统应用手持终端等）状态是否良好
	接车作业	（1）乘务员列队整齐，由列车长带领到站台接车，按规定路线行走，步伐一致，箱（包）在同一侧，始发前 30 min（站台交接时，于旅客进站前 15 min）到达站台指定地点接车。 （2）乘务员接车后，将乘务箱定位放置，对安全锤、安全乘降梯、过渡板等安全设施设备进行检查。检查灭火器的铅封是否完好，是否在有效期内。 （3）乘务员检查备品（坐便垫、服务指南、清洁袋、洗手液等）是否定位摆放，安装、开启视频监控设备，检查设备设施、卫生质量情况及清扫工具定位情况，检查上水情况。发现问题及时报告列车长。 （4）乘务员负责商务、特、一等座车厢的乘务员与餐售人员清点商务、特、一等座饮品、休闲食品和专项服务备品数量，检查定置摆放情况，并向列车长报告。 （5）乘务员在高铁快件办理站检查车站装卸人员装卸、码放作业情况，确认高铁快件施封、外包装情况及件数，并向列车长报告。 （6）广播员检查、调整广播系统内的担当车次信息

实训考核与复盘加练

1. 考核标准

（1）作业步骤符合规范程序的程度；
（2）作业质量符合规范标准的程度；
（3）作业的整体流畅程度、熟练程度；
（4）与团队成员配合的程度。

2. 考核表

评分人	评分	评语	总分
本人（10 分）			
组长（30 分）			
教师（60 分）			

3. 复盘总结、提升措施与课后加练计划

复盘总结
提升措施与课后加练计划

任务 1.1.2　始发开车前、后作业

实训目标

（1）掌握乘务岗位真实工作任务：高速铁路始发作业——开车前作业程序和标准
（2）掌握乘务岗位真实工作任务：高速铁路始发作业——开车后作业程序和标准
（3）锻炼自主学习能力和实际动手能力

实训方案

第一步	由教师介绍实训的目的、方式、要求，调动学生实训的积极性
第二步	对学生进行分组，确定各小组的组长和人员分工，制订小组实训计划（了解团队要做什么，要达到什么目的）
第三步	教师介绍高速铁路始发作业——开车前、后作业的相关知识、技能和案例并布置任务
第四步	各小组对教师布置的任务进行讨论，并记录小组成员的发言
第五步	各小组逐人进行实训作业，小组长拍摄视频并撰写实训小结
第六步	各小组的组员进行自评，组长对各组员进行评价
第七步	各小组长汇报实训小结，教师点评、总结

实训步骤

真实工作任务	细分工作环节	实训步骤
始发开车前、后作业	开车前作业	（1）乘务员与列车长对时，做到时间准确一致。 （2）乘务员在分工车厢的车门处迎接旅客上车，要诚恳、热情、礼貌、周到，目光应关注旅客并用亲切的语言表示欢迎：“您好！欢迎乘车！” （3）乘务员引导旅客就座，做好重点旅客的引导服务工作。车门处发生拥挤现象时，应维持排队秩序，安排旅客按先后顺序安全上车，及时提醒旅客看管好自己的行李物品，遇到老人、小孩和行动不便的旅客要主动搀扶，给予帮助。 （4）乘务员提示、帮助旅客将大件行李安放在大件行李处，提醒旅客按安全规定妥善安放行李架上的行李。 （5）乘务员解答旅客问询。 （6）乘务员及时劝告送客人员下车。 （7）开车前，乘务员确认旅客乘降、高铁快件和餐车物品装卸完毕后报告列车长。 （8）广播员播放开车前广播，乘务员监控视频显示屏、广播、电子显示屏的播放及显示情况，发现异常及时报告列车长。 （9）乘务员向列车长报告分管车厢旅客上下车情况，列车启动时面带微笑、目视前方、行注目礼。 （10）乘务员发现问题及时处理，遇不能处理的问题向列车长报告
	开车后作业	（1）列车出站后，乘务员检查车门、翻板、各柜门锁闭状态，发现故障及时报告列车长，之后按分工巡视车厢。 （2）乘务员检查行李摆放情况，提醒并协助旅客将大件行李及铁器、锐器等不适宜放在行李架上的物品放在大件行李存放处，做到行李摆放平稳，通道保持畅通。检查行李架上摆放的行李，确保行李架上的行李不外露，摆放稳妥，无坠落风险。整理行李架上的行李时，应主动向旅客解释，以取得旅客的配合，如告知旅客：“旅客们，为了给大家创造安全舒适的环境，现在开始整理车厢，请予合作，谢谢！”。检查衣帽钩上挂放的物品的情况，确保衣帽钩上只挂放衣物和帽子。 （3）乘务员掌握车内旅客动态，积极做好服务工作，各车厢乘务员对上车旅客要及时问询，掌握重点信息，对中途下车旅客的座位和数量做到准确、细致了解。注意落实对号入座的原则，如果该座位坐有其他旅客，应请其离座，当旅客主动离座时，应主动说“谢谢您的合作”。碰到少数拒绝离座的旅客，切忌用诸如“没座位活该！”等生硬语言刺激旅客，应积极寻找空余座位，缓解矛盾。对于恶意“霸座”旅客，通知乘警处理。 （4）广播员播放开车广播，介绍列车设施设备、服务项目及沿途到站情况。乘务员监控视频显示屏、广播、电子显示屏的播放及显示情况，发现异常及时报告列车长。 （5）乘务员加强安全宣传，落实岗位防火责任制。提示旅客遵守安全乘车规定，及时制止可能损坏车辆设施和影响安全的行为。加强“危险品”查堵，落实动车组列车禁烟制度，及时检查卫生间、通过台等重点部位，发现旅客吸烟，及时制止并报告。 （6）餐车乘务员检查商品摆放情况。 （7）乘务员检查高铁快件堆码、施封、外包装及件数等情况，清理电茶炉、卫生间等部位。确保设备良好，通道畅通，卫生整洁，备品充足，温度适宜。 （8）乘务员耐心解答问询，落实“首问首诉”负责制，积极响应旅客诉求，遇有重点旅客主动提供帮助

实训考核与复盘加练

1. 考核标准

（1）作业步骤符合规范程序的程度；

（2）作业质量符合规范标准的程度；

（3）作业的整体流畅程度、熟练程度；

（4）与团队成员配合的程度。

2. 考核表

评分人	评分	评语	总分
本人（10 分）			
组长（30 分）			
教师（60 分）			

3. 复盘总结、提升措施与课后加练计划

复盘总结
提升措施与课后加练计划

项目 1.2　乘务途中作业实训

任务 1.2.1　运行中作业

实训目标

（1）掌握乘务岗位真实工作任务：高速铁路途中作业——运行中作业程序
（2）掌握乘务岗位真实工作任务：高速铁路途中作业——运行中作业标准
（3）锻炼自主学习能力和实际动手能力

实训方案

第一步	由教师介绍实训的目的、方式、要求，调动学生实训的积极性
第二步	对学生进行分组，确定各小组的组长和人员分工，制订小组实训计划（了解团队要做什么，要达到什么目的）
第三步	教师介绍高速铁路途中作业——运行中作业的相关知识、技能和案例并布置任务
第四步	各小组对教师布置的任务进行讨论，并记录小组成员的发言
第五步	各小组逐人进行实训作业，小组长拍摄视频并撰写实训小结
第六步	各小组的组员进行自评，组长对各组员进行评价
第七步	各小组长汇报实训小结，教师点评、总结

实训步骤

真实工作任务	细分工作环节	实训步骤
运行中作业	巡视作业	（1）乘务员核对席位，统计乘车人数，对持电子客票旅客的乘车信息进行核实，发现挂失补或乘车条件不符的人员，及时引导，并报告列车长。 （2）乘务员加强车内整容工作，对空余座位的小桌板、遮光帘（幕）、杂志、座椅扶手、脚蹬等及时复位；及时清理座席面上的杂物；及时整理行李架、衣帽钩、大件行李存放处，保持通道畅通。坐立、行走姿态端正，步伐适中，轻重适宜，在旅客多的地方，先示意后通行，与旅客走对面时，要主动侧身面向旅客让行，不与旅客抢行。 （3）广播员播放广播，乘务员监控视频显示屏、广播、电子显示屏的播放及显示情况，发现异常及时报告列车长。广播语音清晰，音量适宜，用语准确，不干扰旅客正常休息，自动广播系统播报正确，视频系统性能良好，使用正常，始发前开启系统，播放内容符合规定并定期更新。 （4）乘务员加强爱车宣传，及时制止旅客在车厢内大声喧哗、脚搭桌板、穿鞋躺在座席上等不文明乘车行为。与旅客沟通时，表情自然、态度和蔼、举止得体、庄重大方，使用普通话，表达准确，口齿清晰，服务语言表达规范、准确，使用“请”“您好”“谢谢”“对不起”“再见”等服务用语，对旅客称呼恰当统称为“旅客们”“各位旅客”“旅客朋友”，单独称为“先生”“女士”“小朋友”“同志”等。 （5）乘务员主动为商务座旅客介绍商务座设备设施，免费提供餐食、饮品、休闲食品和专项服务备品；为特、一等座旅客免费提供饮品和休闲食品。 （6）乘务员宣传旅行常识，主动向旅客介绍设备设施使用方法，将使用轮椅的旅客引导至专用区域（有安全带时应使用安全带固定轮椅）。 （7）乘务员保证饮用水供应，在途中上水站按规定上水。 （8）乘务员监控餐售行为。及时制止餐售人员频繁进入车厢及高声叫卖。 （9）乘务员发现问题及时报告列车长（呼叫用语：呼叫列车长！请到××号车厢）
	安全作业	（1）乘务员加强安全宣传，遇儿童在车厢内跑动、坐在小桌板上或运行中在座席上站立，及时劝阻。加强“危险品”查堵，落实动车组列车禁烟制度，及时检查卫生间、通过台等重点部位，发现旅客吸烟，立即制止并及时报告。 （2）列车运行中，乘务员确保车门、气密窗锁闭状态良好，定期巡视，保持通道畅通，发现车门未锁闭或锁闭状态不良时，指派专人看守并及时通知随车机械师处理。 （3）乘务员采用广播、视频、图形标志、服务指南等方式，宣传安全常识和车辆设施设备的使用方法，提示旅客遵守安全乘车规定。 （4）列车运行中，乘务员做好安全宣传和防范，保持车内秩序，确保环境良好，无闲杂人员随车叫卖、捡拾、讨要，发现可能损坏车辆设施和影响安全、文明的行为及时制止。 （5）乘务员发现旅客携带品可疑及无人认领的物品时，配备乘警的列车通知乘警到场处理，未配备乘警的列车由列车长处理，做好危险品登记、保管及现场处置工作，并交前方停车站（公安部门）处理。 （6）出现问题乘务员及时报告列车长。（呼叫用语：呼叫列车长！××号车厢××出现故障，请求处理！）
	清洁作业	（1）乘务员使用垃圾小推车和专用工具适时保洁，保持车厢整洁、卫生。 （2）乘务员及时墩扫各处所地面，确保干燥、干净；台面、桌面、面镜擦抹及时，确保干净、无水渍。清扫工具不触碰旅客及其携带物品，挪动旅客物品时，先征得旅客同意，需要踩踏座席、铺位时，戴鞋套或使用垫布，占用洗脸间时，礼让旅客，清洁卫生间时，作业人员戴保洁专用手套。 （3）乘务员及时清理、擦抹洗脸（手）池、电茶炉沥水盘，确保无污渍、无残渣、无堵塞、无积水。 （4）乘务员及时清理垃圾车、垃圾箱（桶）、清洁袋、靠背袋网兜、果皮盘，确保无残渣。 （5）乘务员确保厕所畅通、无污物、无异味，按规定吸污。 （6）乘务员及时补充清洁袋、洗手液、卫生纸、擦手纸、一次性坐便垫圈等备品，及时更换被污染的卧具。 （7）乘务员确保餐车餐桌、吧台、工作台、微波炉，以及各橱、箱、柜内洁净。 （8）乘务员将垃圾装袋、封口，确保无渗漏、定位放置，在指定站定点投放，不向车外扫倒垃圾、抛扔杂物

实训考核与复盘加练

1. 考核标准

（1）作业步骤符合规范程序的程度；

（2）作业质量符合规范标准的程度；

（3）作业的整体流畅程度、熟练程度；

（4）与团队成员配合的程度。

2. 考核表

评分人	评分	评语	总分
本人（10 分）			
组长（30 分）			
教师（60 分）			

3. 复盘总结、提升措施与课后加练计划

复盘总结
提升措施与课后加练计划

任务 1.2.2　途中票务作业

实训目标

（1）掌握乘务岗位真实工作任务：高速铁路途中作业——途中票务作业程序
（2）掌握乘务岗位真实工作任务：高速铁路途中作业——途中票务作业标准
（3）锻炼自主学习能力和实际动手能力

实训方案

第一步	由教师介绍实训的目的、方式、要求，调动学生实训的积极性
第二步	对学生进行分组，确定各小组的组长和人员分工，制订小组实训计划（了解团队要做什么，要达到什么目的）
第三步	教师介绍高速铁路途中作业——途中票务作业的相关知识、技能和案例并布置任务
第四步	各小组对教师布置的任务进行讨论，并记录小组成员的发言
第五步	各小组逐人进行实训作业，小组长拍摄视频并撰写实训小结
第六步	各小组的组员进行自评，组长对各组员进行评价
第七步	各小组长汇报实训小结，教师点评、总结

注：涉及途中补票的票种、金额等知识和技能的实训内容，本书将在高速铁路客运组织、铁路票务管理等课程中进行介绍。

实训步骤

真实工作任务	细分工作环节	实训步骤
途中票务作业	途中查验车票作业	（1）乘务员查票前要事先做好广播或口头宣传："旅客们，现在开始查验车票，请大家把身份证件准备好，谢谢！" （2）乘务员查票时，应亲切、客气地对旅客说"请出示您的身份证件"。认真仔细查验完毕后，要有礼貌地将身份证件还给旅客，同时说"请收好您的身份证件，谢谢！"，切忌使用"查票啦，把身份证件拿出来""为什么不买票？""补票去"等生硬、冷漠的语言对待旅客。 （3）乘务员遇上不理不睬、不配合的旅客，无论对方出于什么原因，都不能计较，可略提高音量，态度和蔼地说："先生（女士），请出示您的身份证件，如果您没来得及买票，可以办理补票手续。" （4）乘务员对无票乘车或是以没钱等各种借口不愿补票的旅客，可在乘警的协助下向他（她）指出："先生（女士），若您实在无法补票，列车将按章编制客运记录，请您在前方大站下车，由车站协助当地政府为您解决困难。"
	途中补票作业	（1）列车移动补票机属于精密、贵重仪器，是车内办理补票业务的专用设备，涉及收入票据、现金及账目管理，发生问题按违反财经纪律论处。在办理列车移动补票机的请领、交付、使用过程中要严格履行请领手续。非列车值班乘务员不得使用列车移动补票机补票，遇到乘务组值班乘务员不能值乘的情况，由列车长指定一名业务熟练的列车乘务员负责保管、使用。保管、使用过程中，值班乘务员与临时替班乘务员应办理交接、使用登记手续，不履行交接、使用登记手续，发生问题由列车长负责。 （2）乘务员使用列车移动补票机办理补票时，必须按规定程序进行操作，不得违规操作，对打印完整的车票，不得作废。凡违规操作或不按使用技术规定导致设备损坏的，将追究直接责任者的责任；对人为损坏造成故障并致使数据、账目丢失的，比照代用票处理。 （3）乘务员按相关客运规章和票务规定确定补票类型和金额。 （4）乘务员补票时，当显示票面信息后，做到先唱票，再收钱，最后制票。 （5）乘务员遇列车运行途中列车移动补票机发生故障应立即停止使用，并由列车长亲自向本单位收入管理部门汇报，经同意后使用代用票办理补票业务。列车移动补票机使用性能良好时不得使用代用票，使用代用票时必须由列车长与值班乘务员同时确认并破封使用，同时做好破封使用的记录

实训考核与复盘加练

1. 考核标准

（1）作业步骤符合规范程序的程度；

（2）作业质量符合规范标准的程度；

（3）作业的整体流畅程度、熟练程度；

（4）与团队成员配合的程度。

2. 考核表

评分人	评分	评语	总分
本人（10 分）			
组长（30 分）			
教师（60 分）			

3. 复盘总结、提升措施与课后加练计划

复盘总结
提升措施与课后加练计划

任务 1.2.3　中途停站作业

实训目标

（1）掌握乘务岗位真实工作任务：高速铁路途中作业——中途停站作业程序
（2）掌握乘务岗位真实工作任务：高速铁路途中作业——中途停站作业标准
（3）锻炼自主学习能力和实际动手能力

实训方案

第一步	由教师介绍实训的目的、方式、要求，调动学生实训的积极性
第二步	对学生进行分组，确定各小组的组长和人员分工，制订小组实训计划（了解团队要做什么，要达到什么目的）
第三步	教师介绍高速铁路途中作业——中途停站作业的相关知识、技能和案例并布置任务
第四步	各小组对教师布置的任务进行讨论，并记录小组成员的发言
第五步	各小组逐人进行实训作业，小组长拍摄视频并撰写实训小结
第六步	各小组的组员进行自评，组长对各组员进行评价
第七步	各小组长汇报实训小结，教师点评、总结

实训步骤

真实工作任务	细分工作环节	实训步骤
中途停站作业	停站乘降作业	（1）乘务员在中途站停车前 5 min 通告站名，提醒旅客下车，做到通知语言规范、音调适宜。协助重点旅客做好下车准备。到指定车门位置立岗，加强宣传引导。 （2）乘务员及时观察左右车厢旅客下车情况，遇有车门故障时，及时通知列车长并组织旅客从其他车门下车。对重点旅客需求做到心中有数，观察旅客乘降情况，确认旅客乘降、高铁快件和餐车物品装卸完毕后，及时通知列车长。（呼叫用语：呼叫列车长，××号车厢旅客乘降完毕） （3）乘务员在上水站到站前、后对车厢水位进行检查并报告列车长
	安全作业	（1）乘务员及时通知停站信息，做到通知语言规范、音调适宜、宣传到位，防止旅客越站。 （2）乘务员对在车门外逗留和吸烟的旅客进行安全提示，防止其漏乘。 （3）乘务员监控旅客乘降情况，及时通告列车关门信息，防止旅客抢上抢下发生危险。 （4）乘务员遇特殊情况时，立即汇报、采取措施，妥善处理。（呼叫用语：呼叫列车长！发生事故，请到××号车厢）
	清洁作业	乘务员在垃圾投放站指定位置投放垃圾袋

实训考核与复盘加练

1. 考核标准

（1）作业步骤符合规范程序的程度；

（2）作业质量符合规范标准的程度；

（3）作业的整体流畅程度、熟练程度；

（4）与团队成员配合的程度。

2. 考核表

评分人	评分	评语	总分
本人（10 分）			
组长（30 分）			
教师（60 分）			

3. 复盘总结、提升措施与课后加练计划

复盘总结
提升措施与课后加练计划

项目 1.3　终到作业实训

任务 1.3.1　终到（不立即返程）作业

实训目标

（1）掌握乘务岗位真实工作任务：高速铁路终到作业——终到（不立即返程）作业程序
（2）掌握乘务岗位真实工作任务：高速铁路终到作业——终到（不立即返程）作业标准
（3）锻炼自主学习能力和实际动手能力

实训方案

第一步	由教师介绍实训的目的、方式、要求，调动学生实训的积极性
第二步	对学生进行分组，确定各小组的组长和人员分工，制订小组实训计划（了解团队要做什么，要达到什么目的）
第三步	教师介绍高速铁路终到作业——终到（不立即返程）作业的相关知识、技能和案例并布置任务
第四步	各小组对教师布置的任务进行讨论，并记录小组成员的发言
第五步	各小组逐人进行实训作业，小组长拍摄视频并撰写实训小结
第六步	各小组的组员进行自评，组长对各组员进行评价
第七步	各小组长汇报实训小结，教师点评、总结

实训步骤

真实工作任务	细分工作环节	实训步骤
终到（不立即返程）作业	停车前	（1）乘务员在终到站前 5 min 巡视车厢，提醒旅客做好下车准备，整理好随身携带的物品，唤醒休息的旅客，帮助特殊重点旅客提前到车厢门口处做好下车准备。 （2）乘务员全面巡视车厢，检查防火安全、设备设施状态。对空余座位遮光帘（幕）、小桌板、座椅（扶手）和脚蹬等进行复位。 （3）乘务员全面清理卫生，清理小桌板、座椅面、地面上的杂物，对电茶炉、卫生间、通过台进行全面擦拭，确保无污渍、无水迹，白钢部件光亮。 （4）乘务员使用清洁车收取垃圾，及时更换满溢的垃圾袋，系紧扎严垃圾袋，在垃圾投放站指定位置投放。垃圾袋损坏时要及时套袋，防止外漏。 （5）广播员播放广播，乘务员监控视频显示屏、广播、电子显示屏播放及显示情况，发现异常及时报告列车长。 （6）乘务员负责商务、特、一等座车的乘务员与餐售人员清点饮品、休闲食品和专项服务备品数量，并向列车长报告。 （7）列车到站停稳后，广播员播放广播，乘务员监控视频显示屏、广播、电子显示屏的播放及显示情况，发现异常及时报告列车长。列车进站时，按照规定位置出场，面带微笑，行注目礼。在指定车门处立岗，组织旅客下车
	停车后	（1）列车到站后，乘务员向旅客道别，做到言行规范、主动热情，提醒旅客携带好随身物品，安全下车。立岗时，应以饱满的热情、整洁的形象、标准的姿势，以及亲切的态度和话语，有礼貌地向旅客道别，使用“请慢走！”“感谢你乘坐本次列车！”“欢迎下次乘车！”“下次再见！”等礼貌用语。 （2）到站后，乘务员主动搀扶老人和病、残等行动不便的旅客下车，并与车站做好交接工作。送客时对行李较多的旅客应提供适当的帮助，当其堵住车厢通道时，主动迎上前帮助旅客提拿行李，帮助带儿童的旅客。 （3）旅客下车完毕后，乘务员巡视车厢，全面清理卫生，整理车容，回收易耗品。 （4）终到站时，乘务员确保垃圾装袋、封口、无渗漏，定点投放，确保车内无旅客遗留物品，发现旅客遗失物品及时报告列车长。 （5）乘务员在折返站协助保洁员旋转座椅方向，对车厢水位进行检查、确认，确保所有旅客下车后，立即向列车长报告。 （6）乘务员若要与其他班组办理交接，应做到交接清楚，手续完备。 （7）列队出勤（退乘）时，乘务员按规定线路行走，步伐一致，将箱（包）放在同一侧，参加退乘会。 （8）在公寓休整时，乘务员遵守待乘纪律，外出执行请假制度，坚持两人以上同去同归。折返出乘前参加出乘会，主动将烟火交由列车长统一保管

实训考核与复盘加练

1. 考核标准

（1）作业步骤符合规范程序的程度；

（2）作业质量符合规范标准的程度；

（3）作业的整体流畅程度、熟练程度；

（4）与团队成员配合的程度。

2. 考核表

评分人	评分	评语	总分
本人（10分）			
组长（30分）			
教师（60分）			

3. 复盘总结、提升措施与课后加练计划

复盘总结
提升措施与课后加练计划

任务 1.3.2　返程（折返）作业

实训目标

（1）掌握乘务岗位真实工作任务：高速铁路终到作业——返程（折返）作业程序
（2）掌握乘务岗位真实工作任务：高速铁路终到作业——返程（折返）作业标准
（3）锻炼自主学习能力和实际动手能力

实训方案

第一步	由教师介绍实训的目的、方式、要求，调动学生实训的积极性
第二步	对学生进行分组，确定各小组的组长和人员分工，制订小组实训计划（了解团队要做什么，要达到什么目的）
第三步	教师介绍高速铁路终到作业——返程（折返）作业的相关知识、技能和案例并布置任务
第四步	各小组对教师布置的任务进行讨论，并记录小组成员的发言
第五步	各小组逐人进行实训作业，小组长拍摄视频并撰写实训小结
第六步	各小组的组员进行自评，组长对各组员进行评价
第七步	各小组长汇报实训小结，教师点评、总结

实训步骤

真实工作任务	细分工作环节	实训步骤
返程（折返）作业	办理站车交接	乘务员若要与车站办理交接，应交接清楚，手续完备
	折返出乘作业	（1）乘务员按时参加返乘会，听取列车长总结往程工作，部署返程重点工作。 （2）返程作业具体流程与始发作业具体流程相同

实训考核与复盘加练

1. 考核标准

（1）作业步骤符合规范程序的程度；

（2）作业质量符合规范标准的程度；

（3）作业的整体流畅程度、熟练程度；

（4）与团队成员配合的程度。

2. 考核表

评分人	评分	评语	总分
本人（10 分）			
组长（30 分）			
教师（60 分）			

3. 复盘总结、提升措施与课后加练计划

复盘总结
提升措施与课后加练计划

模块 2
高速铁路乘务特殊情况实训

在高速铁路乘务员一次出乘过程中，除按固定流程实施高速铁路乘务常规作业外，还会因面临突发的特殊情况而实施高速铁路乘务特殊情况作业。本模块下设 3 个项目：专项接待服务实训、突发安全故障的应急处置实训、非正常情况应急处置实训。

项目 2.1 专项接待服务实训

任务 2.1.1 专项接待服务准备作业

实训目标

（1）掌握乘务岗位真实工作任务：专项接待服务准备作业程序
（2）掌握乘务岗位真实工作任务：专项接待服务准备作业标准
（3）锻炼自主学习能力和实际动手能力

实训方案

第一步	由教师介绍实训的目的、方式、要求，调动学生实训的积极性
第二步	对学生进行分组，确定各小组的组长和人员分工，制订小组实训计划（了解团队要做什么，要达到什么目的）
第三步	教师介绍专项接待服务准备作业的相关知识、技能和案例并布置任务
第四步	各小组对教师布置的任务进行讨论，并记录小组成员的发言
第五步	各小组逐人进行实训作业，小组长拍摄视频并撰写实训小结
第六步	各小组的组员进行自评，组长对各组员进行评价
第七步	各小组长汇报实训小结，教师点评、总结

实训步骤

<table>
<tr><th>真实工作任务</th><th>细分工作环节</th><th>实训步骤</th></tr>
<tr><td rowspan="2">专项接待服务准备作业</td><td>服务用品准备作业</td><td>（1）乘务员检查服务备品，如小推车、专用小桌、小桌罩、头枕、头枕片、渡板、靠腰垫、坐垫、安全链、软隔断帘、毛毯、雨伞的配备情况，补齐数量，确保正常使用。
（2）乘务员检查服务用具，如杯垫、瓷杯、水晶杯、水壶、密封罐、吸管、花瓶及鲜花、托盘及防滑垫、白毛巾、清洁毛巾、瓷毛巾托、普通毛巾托、湿纸巾、白手套、果皮盘、卫生间用品（卷纸、抽纸、香皂、洗手液、护手霜、梳子、香水、芳香盒、马桶垫）的配备情况，补齐数量，确保正常使用。
（3）乘务员检查辅助物品，如小剪刀、水果刀、保鲜膜、小垃圾箱的配备情况，补齐数量，确保正常使用。
（4）乘务员确保食品、饮品的质量。自采买食品、饮品必须明确责任，所有食品采买、管理由专人负责，做到 24 h 不离人看护，所有食品、饮品必须留样、品尝，封存的食品、饮品由客运段保卫科负责保管；由担当部门对水果进行清洗消毒，分类装入整理箱，派专人进行保管，任务当日由专人护送至任务车厢，原则上选用带皮的、便于食用的水果，如香蕉等；核桃仁、腰果、黑瓜子、白瓜子等尽量选择独立包装并协调搭配；饮品可选用鲜榨水果原汁、无糖酸奶、咖啡、小瓶矿泉水等；选用品质较好的小包装茶叶</td></tr>
<tr><td>乘务员准备作业</td><td>（1）发型标准。干净无头屑，发色为自然黑色，不得将头发染成彩色。佩戴统一的头饰，佩戴位置统一，以正面看不到发卡为宜，不剪刘海，散发和碎发用摩丝、发蜡定型，做到美观、自然、整齐、利落。
（2）脸部标准。整体妆容淡雅，自然大方，不得佩戴任何饰物，要体现职业风范。
（3）手部标准。保持手部清洁，洗手后使用护手霜保持手部润滑，指甲的长度不宜过长、过短。各手指指甲长度应保持一致，指甲缝洁净，女性可使用透明色指甲油，佩戴走时准确的手表，手表款式应简洁。
（4）制服标准。执行专项服务任务前，制服必须清洗、熨烫。整体着装保持干净、整洁、无污渍，熨烫平整、无皱褶，穿着合体，扣子全部扣好，丝巾熨烫平整，统一佩戴。
（5）标志标准。职务标志应佩戴于左胸上方，与上衣第二颗纽扣平行；佩戴臂章时，臂章上缘在左袖肩下四指处，列车长臂章应用别针端正地固定在规定位置，不可用松紧带套于臂上，保持标志洁净。
（6）丝袜标准。女性夏天统一穿着肉色连裤丝袜，穿着丝袜时应绷紧拉好，无跳丝和松弛，如有损坏应及时更换，随身携带一双备用丝袜。
（7）皮鞋标准。皮鞋应光亮，无污渍，无尘土，保持洁净，应穿着统一款式的皮鞋，不得有任何装饰物。
（8）电台标准。出乘时保证电台电量充足，客运乘务人员内部联络统一使用 3 频道，电台统一佩戴在马甲腰间右侧位置，耳机统一挂在右耳，耳麦夹于马甲第一个纽扣位置，耳麦连接线置于马甲里面不外露，使用电台联络时，采用规范用语，不得谈与工作无关的事</td></tr>
</table>

续表

真实工作任务	细分工作环节	实训步骤
专项接待服务准备作业	卫生准备作业	（1）车厢内卫生及定型标准。对任务车行李架、车内玻璃、窗台、小桌板、座椅扶手、座位脚踏、车厢自动门板和玻璃进行彻底清擦；对车厢地面进行全面清理，确保无杂物；对座位的头靠枕套进行更换，确保无碎发。头靠枕统一与座席上边缘平齐，更换头枕片，将颜色调整一致；彻底清理座椅靠背网袋的内部并按顺序依次摆放清洁袋、服务指南、杂志（及时更新并逐本检查）；用微型吸尘器对车厢座席上下进行清理，确保无碎屑和微尘；将遮光帘逐个拉下，检查清洁程度后复位；检查车厢各部位电源盒，确保呈闭合状；对地面进行彻底清洁，对座椅缝隙进行清理，检查内置式小桌板和影视系统，确保屏幕光洁、无污渍。 （2）卫生间卫生及定型标准。墙壁全面清擦，镜面洁净、光亮；台面手盆洁净、干燥，不锈钢龙头和不锈钢纸架清擦干净；清擦马桶盖正反两面，彻底擦净马桶内沿至下水口，清擦马桶外沿至地面连接处，确保无污渍、水渍；地面彻底清擦至无污渍和水渍，确保墙壁至地面连接处洁净，不得有纸屑及头发；确保卫生间内外门板洁净，门与地面连接的不锈钢条洁净、见亮；卷纸边折成三角露在外面，内置垃圾箱套袋（不准外露），外置垃圾箱放置在右侧墙壁处，一次性棉制便圈套置于马桶上，做到一次一换，芳香盒放于适当位置；保持卫生间空气循环，喷洒空气清新剂，做到无异味，并用三色专用抹布进行消毒后锁闭。 （3）电茶炉卫生标准。水龙头洁净、光亮；内侧墙壁无水渍；不锈钢漏网干净、无杂物；周围地面保持干燥、无污渍。 （4）列车外皮卫生标准。动车组外皮、门框、内外玻璃洁净、明亮；站台补偿器无杂物，表面洁净、干燥

实训考核与复盘加练

1. 考核标准

（1）作业步骤符合规范程序的程度；

（2）作业质量符合规范标准的程度；

（3）作业的整体流畅程度、熟练程度；

（4）与团队成员配合的程度。

2. 考核表

评分人	评分	评语	总分
本人（10 分）			
组长（30 分）			
教师（60 分）			

3. 复盘总结、提升措施与课后加练计划

复盘总结
提升措施与课后加练计划

任务 2.1.2　专项接待服务程序及作业标准

实训目标

（1）掌握乘务岗位真实工作任务：专项接待服务程序
（2）掌握乘务岗位真实工作任务：专项接待服务标准
（3）锻炼自主学习能力和实际动手能力

实训方案

第一步	由教师介绍实训的目的、方式、要求，调动学生实训的积极性
第二步	对学生进行分组，确定各小组的组长和人员分工，制订小组实训计划（了解团队要做什么，要达到什么目的）
第三步	教师介绍专项接待服务的程序及作业标准相关知识、技能和案例并布置任务
第四步	各小组对教师布置的任务进行讨论，并记录小组成员的发言
第五步	各小组逐人进行实训作业，小组长拍摄视频并撰写实训小结
第六步	各小组的组员进行自评，组长对各组员进行评价
第七步	各小组长汇报实训小结，教师点评、总结

实训步骤

真实工作任务	细分工作环节	实训步骤
专项接待服务程序及作业标准	对不同级别、不同部门重要客人的接待程序	（1）重要客人（以下简称客人）乘车前，列车长首先要了解客人乘车的区间及乘坐位置，亲自指挥、安排、检查列车所有准备工作，尤其对客人乘坐区域的设施设备、卫生、安全、服务备品等情况要做全面彻底检查，确保设备良好、卫生质量达标和客人乘车安全。 （2）客人乘车前，列车长要了解乘车客人的级别，第一时间向客人的随行秘书了解客人的需求，按照相应的接待程序和计划进行督促落实。 （3）遇有计划内的重要客人乘车，列车长应及时与车队联系相关事宜并将接待工作的计划和程序向车队做详细汇报，听取车队干部的指导意见。遇计划外重要客人乘车，按客人级别，实施相应的接待程序并及时向上级领导进行汇报。 （4）对其他铁路局集团公司（简称铁路局）领导（段长以上级别）乘车或检查，列车长要亲自做好接待，并致问候，汇报工作，征求意见。 （5）客人上车后，列车长指挥乘务员按程序做好接待工作。 ① 列车长第一时间向客人的随行秘书了解客人需求，确定是否用茶、水或其他饮用品。 ② 开车后，乘务员为客人上热毛巾，双手递送毛巾及托。顺序为先主要客人，后随行人员，并视情况收回毛巾。 ③ 列车长负责给客人上茶，将准备好的茶水加至七成满，上茶水时，可同步撤毛巾，衔接要紧凑。 ④ 运行中适时添水，适时清理桌面杂物。 ⑤ 如客人中途需使用卫生间，乘务员要注意及时引导方向，提示相关安全注意事项，主动打开卫生间门，并在客人出卫生间后递上热毛巾（湿巾）。 ⑥ 途中立岗于车门处，并关注客人需求，尽量减少打扰客人的次数，做好相应服务。列车长随时做好服务安排。 ⑦ 根据客人乘车时间和区间了解客人是否需要在列车上用餐。如需在列车上用餐，列车长要及时征求客人或陪同人员的意见，询问相关细节（如用餐时间、用餐地点、民族习惯等），了解情况后及时做好准备，如客人要到餐吧车用餐，列车长亲自检查、督促、落实餐吧车接待客人的程序和各项准备工作，检查餐吧前厅各部位的卫生情况、备品情况（如桌布、靠背纱的洁净度）和摆台规格（摆台是否标准，小方巾、牙签、餐巾纸、湿纸巾、餐具、餐后水果是否准备齐全）。如客人要在座位处用餐，要求餐饮服务人员提前加热饭菜，准备配菜、餐具、湿纸巾、餐后水果等

续表

真实工作任务	细分工作环节	实训步骤
专项接待服务程序及作业标准	车门口迎接客人时的程序、标准	（1）1 号乘务员应做到：挺胸收腹、面带微笑、平视前方，按规定姿势站立，客人走到车门口时，使用横摆式手势，请客人上车，使用问候语“您好，欢迎您”。 （2）2 号乘务员应做到：面对车门，避开通道，站姿规范，迎候客人，问候：“您好，欢迎您，请随我来（您这边请）”，侧身站立，请客人落座，如列车长引领时，站在原位问候：“您好，欢迎您。”
	为客人送水时的程序、标准	（1）为客人送水工作要提前做好准备，如准备热毛巾或湿巾、茶叶等。 （2）客人就座后，1 号乘务员为客人上热毛巾，双手递送毛巾及托。顺序为先主要客人，后随行人员，并视情况回收毛巾。随后将准备好的茶杯加水至七成满，上茶水时，同步撤毛巾，衔接要紧凑。 （3）按照列车长的安排，如果需要给客人送水果时，必须先送上小毛巾让客人净手。通常情况下，客人上车前水果已提前摆好，要用敬语“请您品尝”。 （4）乘务员要注意礼节礼貌，服务时音量适中，面带微笑，服务完毕及时离开，不得干扰客人休息，要充分体现高速铁路乘务人员良好的综合素质。 （5）在适当的时间，给客人添水，用语为“您好，为您添水”。 ① 乘务员应在客人休息时盯控卫生间及洗脸间的卫生保持情况。 ② 洗脸间镜面擦拭明亮，台面、脸盆无污迹、无水渍。消耗品准备充足，缺少时及时进行补充。 ③ 客人休息时要根据情况做好深度服务，放下窗帘，调整广播音量，调整车内温度，为客人提供毛毯，两边端门关闭好，保持车内的安静，用语为：“您好，您觉得车内温度适宜吗？”“您需要毛毯吗？”
	终到立岗时的程序、标准	（1）列车距到达终点站 5 min 前，1 号乘务员提示客人做好下车准备，辅助用语“各位客人终点站就要到了，需要我帮您整理一下吗？稍后我们在车门口恭送您下车”。 （2）客人下车时，1 号乘务员在规定车门处立岗出场，要提示每位客人，如：“请拿好您的随身行李，欢迎再来”，并按规范姿势立岗。2 号乘务员协助随行人员将大件行李提前整理到位。 ① 客人起身时，1 号乘务员及时进行下车方向的引领；如列车长引领时，1 号乘务员应提前到车门口处准备出场。 ② 2 号乘务员协助拿取行李时应站在客人身后方，列车停稳后，先请客人下车，随后将行李拿至车下

续表

真实工作任务	细分工作环节	实训步骤
专项接待服务程序及作业标准	车厢内乘务员接待程序和规范标准	（1）车内迎接客人：要做到面带微笑，立岗姿势端正，目光有神，站在所负责车厢风挡处迎候，用语为“各位客人好，欢迎指导工作”。 （2）遇有客人在车厢上车时，要做好接待。如：“您好，欢迎莅临指导工作，请您稍候，我马上通知列车长。” （3）遇有客人在车内检查工作时，在接到列车长通知的情况下，要站在列车风挡处迎接客人。做到站立姿势规范，需汇报工作时要面带微笑，表情自然，如：“您好，欢迎您指导工作。我是××号车厢乘务员××，我向您做一下汇报。”如果客人听汇报，只做 1 min 小汇报，时间不宜过长（根据线路情况并结合当前重点任务及班组工作进行汇报），如果客人不听汇报，要引导客人到下一个乘务员所负责的车厢，用语为“您慢走，我在这里迎候您”。当客人回就座车厢时，用语为“请您慢走”。 （4）客人突然出现在车厢时，不得大声问候，应轻声打招呼：“您好，欢迎您”，并点头示意，自然为客人引路。 ① 在车内与客人相遇时，不要直呼客人职务，以微笑代替，或问候“您好”。 ② 在车内与客人相遇时，为客人引路不得与旅客抢路，需要旅客配合让路时，要礼貌示意

实训考核与复盘加练

1. 考核标准

（1）作业步骤符合规范程序的程度；

（2）作业质量符合规范标准的程度；

（3）作业的整体流畅程度、熟练程度；

（4）与团队成员配合的程度。

2. 考核表

评分人	评分	评语	总分
本人（10 分）			
组长（30 分）			
教师（60 分）			

3. 复盘总结、提升措施与课后加练计划

复盘总结
提升措施与课后加练计划

项目 2.2　突发安全故障的应急处置实训

任务 2.2.1　动车组发生火灾、爆炸事故应急处置作业

实训目标

（1）掌握乘务岗位真实工作任务：动车组发生火灾、爆炸事故应急处置作业程序
（2）掌握乘务岗位真实工作任务：动车组发生火灾、爆炸事故应急处置作业标准
（3）锻炼自主学习能力和实际动手能力

实训方案

第一步	由教师介绍实训的目的、方式、要求，调动学生实训的积极性
第二步	对学生进行分组，确定各小组的组长和人员分工，制订小组实训计划（了解团队要做什么，要达到什么目的）
第三步	教师介绍动车组发生火灾、爆炸事故应急处置作业的相关知识、技能和案例并布置任务
第四步	各小组对教师布置的任务进行讨论，并记录小组成员的发言
第五步	各小组逐人进行实训作业，小组长拍摄视频并撰写实训小结
第六步	各小组的组员进行自评，组长对各组员进行评价
第七步	各小组长汇报实训小结，教师点评、总结

实训步骤

真实工作任务	类型	实训步骤
动车组发生火灾、爆炸事故应急处置作业	动车组列车运行中发生火灾、爆炸事故的应急处置	（1）动车组列车发生火灾、爆炸事故，初起时，乘务员应当立即采取紧急措施，按下火灾报警按钮或使用紧急制动阀停车（不得停在长大坡道、桥梁、隧道内，以及油库和重要建筑物附近），将旅客紧急疏散到安全车厢，有防火隔断门的迅速关闭防火隔断门，并将情况报告司机、列车长及乘警。司机和列车长应当迅速启动应急预案。 需疏散旅客下车时，乘务员应当通过电台联系随车机械师或司机打开车门，有序组织下车。列车长要在第一时间向所在铁路局客运调度员报告，请求救援。 （2）动车组列车发生火灾、爆炸事故停车后的应急处置。 ① 向邻近车厢、地面安全疏散旅客。列车停车后，司机应立即打开侧门或由随车机械师、乘务人员启动侧面紧急开门装置打开侧门，向地面安全地带疏散旅客。车内产生浓烟危及人员生命安全时，应立即使用安全锤击碎侧窗玻璃，保持车内通风，必要时可利用侧窗作为紧急出口，向地面疏散旅客。 ② 由于动车组列车车门距地面较高，在区间向车下疏散旅客时，乘务员应提醒、引导旅客，防止旅客摔伤。在车站疏散旅客时，应尽量向有站台的方向疏散旅客。 ③ 保护现场，协助救援部门灭火。乘务员要采取措施，维护现场秩序，防止发生混乱，视情况设置警戒区，禁止实施救援以外的人员进入现场，不得擅自移动现场任何物品，对事故现场痕迹、物证等有关证据材料要采取有效措施妥善保管。救援部门到达后，列车长要详细介绍事故原因、火势、人员伤亡、疏散情况，协助救援部门灭火。 （3）发生火灾事故后的报告内容。 ① 事故发生的年、月、日、时、分。 ② 事故发生的地点（线别、区间、公里、米、机车停车位置）。 ③ 列车车次、种类、动车组型号、所属段别、牵引辆数等。 ④ 事故概况及原因的初步判断。 ⑤ 人员伤亡情况及动车组损坏情况。 ⑥ 是否需要消防车、救护车
	动车组列车发生火灾后的应急处置	（1）动车组发生电器初始火灾时，最先发现、到达现场的乘务员应立即关闭电源，使用灭火器灭火。动车组乘务员应立即按下火灾报警按钮或使用联络呼叫设备、电台通知全体乘务员。全体乘务员立即到达现场，在列车长的统一指挥下集中所有的人员或灭火器材，根据火灾现场实际情况，采取有效的灭火方案和扑救措施展开扑救，控制火势，扑灭火源。 （2）用水不能扑灭以下火灾： ① 汽油、煤油等易燃液体着火不能用水扑灭，因为这些物质密度比水小，又不溶于水。 ② 发生电器火灾不能用水扑灭，因为水有导电性，用水灭火会触电伤人。 ③ 遇水燃烧的物质（如金属钾、钠和电石）发生火灾时不能用水扑灭，因为这些物质遇水分解会产生可燃气体，加剧燃烧。 （3）精密仪器、贵重文件起火不能用水扑灭，因为水会损坏这些物品。列车在运行中，旅客携带的物品突然发生起火应做如下处理：在火势没有蔓延的情况下，可先用车厢的水往起火物上浇，直至将火彻底扑灭。 同时应注意以下两点： ① 能不动用灭火器时应尽量不动用，防止扩大损失，造成惊慌。 ② 不得将起火物抛出车窗外，防止车外风大，又将起火物吹回来，扩大火势
	动车组列车发生火灾爆炸后的善后处理	（1）列车长要认真了解伤亡人数及伤害程度，登记旅客姓名、性别、年龄、单位、地址、车票、身份证号码、其他证件及随身携带物品，并做成详细记录，为车站处置善后事宜提供依据，做好准备。 （2）乘警要及时进行调查取证，证据材料要客观翔实，为现场勘察、认定火灾原因创造有利条件。乘务员要积极协助公安人员了解情况，提供线索，协助公安机关调查事故情况。 （3）列车长要将掌握的伤亡情况和旅客财产损失情况及相关记录，及时移交车站，以便车站尽快处理善后事宜

实训考核与复盘加练

1. 考核标准

（1）作业步骤符合规范程序的程度；

（2）作业质量符合规范标准的程度；

（3）作业的整体流畅程度、熟练程度；

（4）与团队成员配合的程度。

2. 考核表

评分人	评分	评语	总分
本人（10 分）			
组长（30 分）			
教师（60 分）			

3. 复盘总结、提升措施与课后加练计划

复盘总结
提升措施与课后加练计划

任务 2.2.2　动车组列车发生旅客意外伤害应急处置作业

实训目标

（1）掌握乘务岗位真实工作任务：动车组列车发生旅客意外伤害应急处置作业程序
（2）掌握乘务岗位真实工作任务：动车组列车发生旅客意外伤害应急处置作业标准
（3）锻炼自主学习能力和实际动手能力

实训方案

第一步	由教师介绍实训的目的、方式、要求，调动学生实训的积极性
第二步	对学生进行分组，确定各小组的组长和人员分工，制订小组实训计划（了解团队要做什么，要达到什么目的）
第三步	教师介绍动车组列车发生旅客意外伤害应急处置作业的相关知识、技能和案例并布置任务
第四步	各小组对教师布置的任务进行讨论，并记录小组成员的发言
第五步	各小组逐人进行实训作业，小组长拍摄视频并撰写实训小结
第六步	各小组的组员进行自评，组长对各组员进行评价
第七步	各小组长汇报实训小结，教师点评、总结

实训步骤

真实工作任务	实训步骤
动车组列车发生旅客意外伤害应急处置作业	（1）列车长要利用配备的急救药箱，安排红十字救护员进行初步救护。 （2）遇旅客受伤害、伤情较严重时，列车长及时通过广播寻找医务工作者帮助救治。如伤情严重，需联系要点停车时，列车长要及时通知司机向调度所请示，在最近具备医疗救治条件的前方车站临时停车，车站应立即做好救治准备工作。 （3）遇旅客意外死亡时，调度所要通知车站联系当地卫生防疫部门，对列车进行消毒等卫生处理。 （4）列车长应详细了解旅客受伤的经过，收集不少于两份以上的有效旁证材料，旁证材料上需有旁证人的姓名、工作单位、实际居住地址、联系方式、身份证号码。如有医务工作者参与救治的，要有描述抢救经过的书面材料，留下医务工作者姓名、单位、联系方式、身份证号码备查。 （5）列车长编制客运记录将受伤或死亡旅客，连同车票、携带品一并交车站处理，列车乘务人员不下车参与处理。因故未及时移交相关材料的，可在三日内向受理车站补交。 （6）列车长要会同乘警勘查现场，收集旁证物证，调查旅客受伤、死亡原因，根据有效证件确定伤亡者姓名、单位、住址。 （7）因列车紧急制动、遭外来石击、第三者责任等造成旅客受伤害时，列车长、列车乘务员应检查旅客伤情，通过车载广播寻找医务工作者，组织救治，采取临时安全防护措施。收集不少于两份的有效旁证材料，并向随车机械师了解紧急制动、遭外来石击发生区间，机车号，担当司机的司机编号，按规定拍发电报。属于第三者责任、应留下责任者的姓名、工作单位、实际居住地址、联系方式、身份证号码。如旅客需下车治疗，列车长应编制客运记录连同旁证材料一并交站处理。 （8）旅客人身伤害系斗殴等治安或刑事案件所致，乘警应与站警办理案件交接。列车长要编制客运记录移交车站，同时拍发事故电报。 （9）列车工作人员发现无人护送的精神异常旅客时，应立即报告列车长、乘警。列车长应指定专人看护，乘警协助处理，并编制客运记录移交前方三等以上停车站。 （10）有人护送的精神病旅客，列车长应向护送人强调安全注意事项，并予以协助。精神病旅客不准单独行动，离座时必须有同行人护送。精神异常旅客狂躁发作威胁他人人身安全或有自残行为时，乘警要依法对其采取措施，进行约束。必要时列车长要编制客运记录移交前方停车站处理。 （11）列车长要及时将有关情况报告客运段

实训考核与复盘加练

1. 考核标准

（1）作业步骤符合规范程序的程度；
（2）作业质量符合规范标准的程度；
（3）作业的整体流畅程度、熟练程度；
（4）与团队成员配合的程度。

2. 考核表

评分人	评分	评语	总分
本人（10 分）			
组长（30 分）			
教师（60 分）			

3. 复盘总结、提升措施与课后加练计划

复盘总结
提升措施与课后加练计划

任务 2.2.3　动车组列车发生旅客突发疾病或因病死亡应急处置作业

实训目标

（1）掌握乘务岗位真实工作任务：动车组列车发生旅客突发疾病或因病死亡应急处置作业程序
（2）掌握乘务岗位真实工作任务：动车组列车发生旅客突发疾病或因病死亡应急处置作业标准
（3）锻炼自主学习能力和实际动手能力

实训方案

第一步	由教师介绍实训的目的、方式、要求，调动学生实训的积极性
第二步	对学生进行分组，确定各小组的组长和人员分工，制订小组实训计划（了解团队要做什么，要达到什么目的）
第三步	教师介绍动车组列车发生旅客突发疾病或因病死亡应急处置作业的相关知识、技能和案例并布置任务
第四步	各小组对教师布置的任务进行讨论，并记录小组成员的发言
第五步	各小组逐人进行实训作业，小组长拍摄视频并撰写实训小结
第六步	各小组的组员进行自评，组长对各组员进行评价
第七步	各小组长汇报实训小结，教师点评、总结

实训步骤

真实工作任务	实训步骤
动车组列车发生旅客突发疾病或因病死亡应急处置作业	在动车组列车运行过程中，遇有旅客突发疾病或因病死亡时，列车乘务人员必须本着“以人为本”的服务理念，全力以赴予以救治。 （1）列车运行途中遇有旅客突发疾病时，列车乘务人员应立即报告列车长，广播寻找医务工作者，列车长立即赶到现场，会同医务工作者实施急救。详细记载旅客基本情况、病情、急救过程，留下医务工作者的姓名、详细地址和联系方式备查。 （2）必须临时停车抢救时，列车长通过司机向所在铁路局列车调度员报告情况，请求临时停车。停车前列车长做好编制客运记录等相关工作。列车临时停车后，列车长将患病旅客及同行人、携带的行李按规定交停车站处理。 （3）如发生有同行人的旅客因突发疾病死亡时，列车长应及时向同行人了解其与死者的关系，死者的死亡原因，形成书面记录，检查旅客遗物，收集不少于两份的旅客有效旁证材料。旁证材料上需有旁证人的姓名、工作单位、实际居住地址、联系方式、身份证号码。通过车载电话联系司机逐级汇报，由列车长开具客运记录，将遗体、遗物及同行人交列车前方停车站处理，并按规定拍发电报，通知有关部门上车进行简易消毒。 （4）发生无同行人的旅客因突发疾病死亡时，列车长应向实施抢救的医务工作者了解初步诊断的病情、死亡原因等有关情况，形成书面记录，留下医务工作者的诊断书、姓名、详细地址和联系方式等有关情况，形成书面记录。及时收集不少于两份的旅客有效旁证材料，详细记录死者在旅途中的有关情况，收集死亡旅客的车票和携带品，进行清点并认真保管。列车长通过车载电话向司机通告，由司机通报到站和有关防疫部门，到站停车后，由列车长开具客运记录，将有关材料、遗体、遗物交列车前方停车站处理。并按规定拍发电报，通知有关部门上车进行简易消毒。 （5）处理完毕，列车长应立即向单位领导汇报。 （6）终到后，通知车站联系卫生防疫部门上车进行全面、有效的防疫、消毒处理

实训考核与复盘加练

1. 考核标准

（1）作业步骤符合规范程序的程度；

（2）作业质量符合规范标准的程度；

（3）作业的整体流畅程度、熟练程度；

（4）与团队成员配合的程度。

2. 考核表

评分人	评分	评语	总分
本人（10 分）			
组长（30 分）			
教师（60 分）			

3. 复盘总结、提升措施与课后加练计划

复盘总结
提升措施与课后加练计划

任务 2.2.4　动车组列车发生旅客食物中毒应急处置作业

实训目标

（1）掌握乘务岗位真实工作任务：动车组列车发生旅客食物中毒应急处置作业程序
（2）掌握乘务岗位真实工作任务：动车组列车发生旅客食物中毒应急处置作业标准
（3）锻炼自主学习能力和实际动手能力

实训方案

第一步	由教师介绍实训的目的、方式、要求，调动学生实训的积极性
第二步	对学生进行分组，确定各小组的组长和人员分工，制订小组实训计划（了解团队要做什么，要达到什么目的）
第三步	教师介绍动车组列车发生旅客食物中毒应急处置作业的相关知识、技能和案例并布置任务
第四步	各小组对教师布置的任务进行讨论，并记录小组成员的发言
第五步	各小组逐人进行实训作业，小组长拍摄视频并撰写实训小结
第六步	各小组的组员进行自评，组长对各组员进行评价
第七步	各小组长汇报实训小结，教师点评、总结

实训步骤

真实工作任务	实训步骤
动车组列车发生旅客食物中毒应急处置作业	（1）动车组列车发生旅客食物中毒事件，列车长应立即联系司机，由司机向调度员报告。报告内容包括：日期、车次、运行区段、发病时间、地点、病人主要症状、发病人数（包括危重人数和死亡人数）、可能引起中毒的食物、要求车站采取的措施等。 （2）列车长同时编制客运记录将食物中毒旅客交前方最近停车站送当地有救助能力的医院进行抢救。 （3）列车长应保护现场，稳定旅客情绪，封存可疑食物、呕吐物样品（如旅客食用过列车出售的食品、饭菜，应立即停止出售可疑食物），等待卫生监督人员到场检验。 （4）列车长应调查取证，应向发病人、周围旅客及有关工作人员调查发病原因及食用的食物，收集两份以上的发病人证明材料及旁证材料，收集一份有关工作人员材料。 （5）运行途中，列车长根据掌握的情况及时向上级有关部门汇报，听取指示要求。返程后写出书面报告，连同有关取证材料一并上交

实训考核与复盘加练

1. 考核标准

（1）作业步骤符合规范程序的程度；

（2）作业质量符合规范标准的程度；

（3）作业的整体流畅程度、熟练程度；

（4）与团队成员配合的程度。

2. 考核表

评分人	评分	评语	总分
本人（10 分）			
组长（30 分）			
教师（60 分）			

3. 复盘总结、提升措施与课后加练计划

复盘总结
提升措施与课后加练计划

任务 2.2.5　动车组列车上发现鼠疫、霍乱及其他国务院公布的传染病等重大疫情应急处置作业

实训目标

（1）掌握乘务岗位真实工作任务：动车组列车上发现鼠疫、霍乱及其他国务院公布的传染病等重大疫情应急处置作业程序
（2）掌握乘务岗位真实工作任务：动车组列车上发现鼠疫、霍乱及其他国务院公布的传染病等重大疫情应急处置作业标准
（3）锻炼自主学习能力和实际动手能力

实训方案

第一步	由教师介绍实训的目的、方式、要求，调动学生实训的积极性
第二步	对学生进行分组，确定各小组的组长和人员分工，制订小组实训计划（了解团队要做什么，要达到什么目的）
第三步	教师介绍动车组列车上发现鼠疫、霍乱及其他国务院公布的传染病等重大疫情应急处置作业的相关知识、技能和案例并布置任务
第四步	各小组对教师布置的任务进行讨论，并记录小组成员的发言
第五步	各小组逐人进行实训作业，小组长拍摄视频并撰写实训小结
第六步	各小组的组员进行自评，组长对各组员进行评价
第七步	各小组长汇报实训小结，教师点评、总结

实训步骤

真实工作任务	实训步骤
动车组列车上发现鼠疫、霍乱及其他国务院公布的传染病等重大疫情应急处置作业	（1）列车长必须立即向铁路局客运调度员和上级主管部门报告。客运调度员通知铁路局劳卫处、客运处和铁路卫生防疫部门。报告内容包括：日期、车次、时间、运行地点及患者主要症状、所在车厢顺号、旅行目的站和密切接触人员简况等。 （2）需停站抢救时，列车长向调度员请求在最近具备医疗救治条件的车站停车。调度员核实情况后通知列车和省级卫生行政部门指定的下交站，下交站联系当地卫生防疫部门做好救援准备。卫生防疫部门接到报告后，应采取措施指导、处理疫情。 （3）列车长对传染病人、疑似病人和密切接触者立即实施隔离，紧急疏散其他旅客。 （4）列车长要采取封锁已经污染或者可能污染的区域、禁止向外排放污物等卫生处理措施。 （5）列车长在指定的停车站将传染病人、疑似病人和密切接触者及其他需要跟踪观察的旅客和资料物品移交车站，车站向卫生防疫部门办理移交。 （6）站车积极配合现场的医疗单位和卫生防疫部门开展工作

实训考核与复盘加练

1. 考核标准

（1）作业步骤符合规范程序的程度；

（2）作业质量符合规范标准的程度；

（3）作业的整体流畅程度、熟练程度；

（4）与团队成员配合的程度。

2. 考核表

评分人	评分	评语	总分
本人（10 分）			
组长（30 分）			
教师（60 分）			

3. 复盘总结、提升措施与课后加练计划

复盘总结
提升措施与课后加练计划

任务 2.2.6　运行中车辆发生异常时应急处置作业

实训目标

（1）掌握乘务岗位真实工作任务：运行中车辆发生异常时应急处置作业程序
（2）掌握乘务岗位真实工作任务：运行中车辆发生异常时应急处置作业标准
（3）锻炼自主学习能力和实际动手能力

实训方案

第一步	由教师介绍实训的目的、方式、要求，调动学生实训的积极性
第二步	对学生进行分组，确定各小组的组长和人员分工，制订小组实训计划（了解团队要做什么，要达到什么目的）
第三步	教师介绍运行中车辆发生异常时应急处置作业的相关知识、技能和案例并布置任务
第四步	各小组对教师布置的任务进行讨论，并记录小组成员的发言
第五步	各小组逐人进行实训作业，小组长拍摄视频并撰写实训小结
第六步	各小组的组员进行自评，组长对各组员进行评价
第七步	各小组长汇报实训小结，教师点评、总结

实训步骤

真实工作任务	处置类型	实训步骤
运行中车辆发生异常时应急处置作业	异声应急处理	听到车辆走行部有拖、拉、击打声，上下振动声，连续摩擦声等异声时，乘务员应立即向列车长汇报，通知随车机械师。列车长、随车机械师应立即赶到现场，迅速判断，不需要立即停车时，由司机通知沿途车站加强监控
	异状应急处理	遇有车辆突发剧烈上下跳动、车体剧烈摇摆、连接处明显下垂、走行部有剧烈连续的摩擦振动声等异状时，乘务员应立即通知列车长、随车机械师。列车长、随车机械师迅速赶到现场检查确认。危及列车运行安全时，应立即使用紧急按钮通知司机停车。遇一时不能修复，但不影响行车安全的故障，由随车机械师临时处理并监护列车运行，通知前方车站列检员处理
	异味应急处理	遇有车辆发生烧焦，橡胶、塑胶熔化等产生的异味时，乘务员应立即通知列车长、随车机械师。列车长、随车机械师要迅速赶到现场检查确认，根据异常气味情况，采取相应措施并及时处理

实训考核与复盘加练

1. 考核标准

（1）作业步骤符合规范程序的程度；

（2）作业质量符合规范标准的程度；

（3）作业的整体流畅程度、熟练程度；

（4）与团队成员配合的程度。

2. 考核表

评分人	评分	评语	总分
本人（10 分）			
组长（30 分）			
教师（60 分）			

3. 复盘总结、提升措施与课后加练计划

复盘总结
提升措施与课后加练计划

任务 2.2.7　动车组列车不能继续运行，旅客需下车等待救援应急处置作业

实训目标

（1）掌握乘务岗位真实工作任务：动车组列车不能继续运行，旅客需下车等待救援应急处置作业程序
（2）掌握乘务岗位真实工作任务：动车组列车不能继续运行，旅客需下车等待救援应急处置作业标准
（3）锻炼自主学习能力和实际动手能力

实训方案

第一步	由教师介绍实训的目的、方式、要求，调动学生实训的积极性
第二步	对学生进行分组，确定各小组的组长和人员分工，制订小组实训计划（了解团队要做什么，要达到什么目的）
第三步	教师介绍动车组列车不能继续运行，旅客需下车等待救援应急处置作业的相关知识、技能和案例并布置任务
第四步	各小组对教师布置的任务进行讨论，并记录小组成员的发言
第五步	各小组逐人进行实训作业，小组长拍摄视频并撰写实训小结
第六步	各小组的组员进行自评，组长对各组员进行评价
第七步	各小组长汇报实训小结，教师点评、总结

实训步骤

真实工作任务	实训步骤
动车组列车不能继续运行，旅客需下车等待救援应急处置作业	（1）调度所立即启动疏散救援方案，并封锁邻线区间。 （2）调度所通知司机，司机通知列车长和随车机械师，做好组织旅客下车等待救援的准备。同时，调度所要通知公安局指挥中心，公安局指挥中心通知就近公安派出所民警赶赴现场。 （3）列车长将列车工作人员分成 3 组，每组负责 1 个疏散舷梯（或安全渡板）的安全防护，打开靠线路外侧车门，将疏散舷梯（或安全渡板）放置牢固、平稳后，按照车上 1 人、车下 2 人的安排，组织旅客有序下车，防止旅客摔伤。 （4）列车工作人员组织旅客沿线路外侧向安全地带撤离，将旅客安置在安全地带等待救援，同时做好引导工作。公安乘警负责在旅客疏散转乘过程中的防护、警戒工作。列车长应随时与司机保持联系，听从调度员统一安排。 （5）遇在隧道内疏散时： ① 列车长应安排客运乘务人员（原则上为男性）与乘警各自携带通信、照明工具，手动解锁、打开运行方向左侧（反方向运行时为右侧）指定的车门，并分别沿隧道内的疏散通道，到就近的开关箱开启照明，开启后迅速返回列车。列车长（或随车机械师）负责车门的开关和防护。 ② 旅客下车完毕，列车工作人员引导旅客沿安全线路有序走出隧道。 （6）旅客需下高架桥等待救援时： ① 通知事故就近地点公安派出所民警赶赴现场，打开指定疏散梯，并在桥上等待，引导旅客下桥，做好事故现场的安全保卫工作，同时将疏散梯的打开情况报告公安指挥中心。公安指挥中心及时将处置情况反馈调度所。 ② 调度所确认现场疏散梯的位置、方向、距离，通知司机转告列车长和随车机械师。 ③ 当接到高架桥疏散梯打开的通知后，由列车长组织旅客向指定疏散梯处有序疏散

实训考核与复盘加练

1. 考核标准

（1）作业步骤符合规范程序的程度；
（2）作业质量符合规范标准的程度；
（3）作业的整体流畅程度、熟练程度；
（4）与团队成员配合的程度。

2. 考核表

评分人	评分	评语	总分
本人（10 分）			
组长（30 分）			
教师（60 分）			

3. 复盘总结、提升措施与课后加练计划

复盘总结
提升措施与课后加练计划

任务 2.2.8　动车组列车运行中发生事故，旅客需紧急逃生时应急处置作业

实训目标

（1）掌握乘务岗位真实工作任务：动车组列车运行中发生事故，旅客需紧急逃生时应急处置作业程序
（2）掌握乘务岗位真实工作任务：动车组列车运行中发生事故，旅客需紧急逃生时应急处置作业标准
（3）锻炼自主学习能力和实际动手能力

实训方案

第一步	由教师介绍实训的目的、方式、要求，调动学生实训的积极性
第二步	对学生进行分组，确定各小组的组长和人员分工，制订小组实训计划（了解团队要做什么，要达到什么目的）
第三步	教师介绍动车组列车运行中发生事故，旅客需紧急逃生时应急处置作业的相关知识、技能和案例并布置任务
第四步	各小组对教师布置的任务进行讨论，并记录小组成员的发言
第五步	各小组逐人进行实训作业，小组长拍摄视频并撰写实训小结
第六步	各小组的组员进行自评，组长对各组员进行评价
第七步	各小组长汇报实训小结，教师点评、总结

实训步骤

真实工作任务	实训步骤
动车组列车运行中发生事故，旅客需紧急逃生时应急处置作业	（1）列车停车后，在车门能正常开启时，列车长立即通知司机，由司机打开所有靠线路外侧的车门；在列车断电、司机无法操纵打开车门时，由列车长组织列车工作人员手动解锁开门。 （2）列车长迅速组织工作人员按照分工，在每个车门处进行防护，组织旅客下车。 （3）在车门不能正常开启时，列车长迅速通过广播（因断电无广播时，由列车工作人员在车厢中部位置）向旅客宣传疏散程序、安全注意事项，并迅速组织旅客使用安全锤击破紧急逃生窗，组织旅客撤离车厢。 （4）事故中发生人员伤亡时，列车长要及时安排专人救助。 （5）所有旅客撤离车厢后，列车工作人员组织旅客沿线路外侧向安全地带转移，将旅客安置在安全地带等待救援，同时做好引导工作。乘警负责在旅客疏散过程中的防护、警戒工作。 （6）应急处置后，列车长应及时向客运调度员汇报，客运调度员接事故报告后，应立即组织开展后续救援工作

实训考核与复盘加练

1. 考核标准

（1）作业步骤符合规范程序的程度；
（2）作业质量符合规范标准的程度；
（3）作业的整体流畅程度、熟练程度；
（4）与团队成员配合的程度。

2. 考核表

评分人	评分	评语	总分
本人（10 分）			
组长（30 分）			
教师（60 分）			

3. 复盘总结、提升措施与课后加练计划

复盘总结
提升措施与课后加练计划

项目 2.3　非正常情况应急处置实训

任务 2.3.1　动车组列车发生晚点时的应急处置作业

实训目标

（1）掌握乘务岗位真实工作任务：动车组列车发生晚点时的应急处置作业程序
（2）掌握乘务岗位真实工作任务：动车组列车发生晚点时的应急处置作业标准
（3）锻炼自主学习能力和实际动手能力

实训方案

第一步	由教师介绍实训的目的、方式、要求，调动学生实训的积极性
第二步	对学生进行分组，确定各小组的组长和人员分工，制订小组实训计划（了解团队要做什么，要达到什么目的）
第三步	教师介绍动车组列车发生晚点时的应急处置作业的相关知识、技能和案例并布置任务
第四步	各小组对教师布置的任务进行讨论，并记录小组成员的发言
第五步	各小组逐人进行实训作业，小组长拍摄视频并撰写实训小结
第六步	各小组的组员进行自评，组长对各组员进行评价
第七步	各小组长汇报实训小结，教师点评、总结

实训步骤

真实工作任务	实训步骤
动车组列车发生晚点时的应急处置作业	（1）广播致歉。动车组列车发生晚点时，列车长要及时与司机联系，了解晚点原因和列车运行情况，晚点 15 min 以上时，及时通过广播向旅客致歉，通报晚点原因时严格按照中国国家铁路集团有限公司（简称国铁集团）、铁路局规定的通报用语解释，每次广播致歉词间隔时间为 30 min。 （2）加强巡视。列车广播致歉后，列车长不得以任何理由回避旅客，要加强对车厢的巡视，做好宣传解释工作，掌握旅客动态，平息旅客不满。 （3）耐心解释。列车乘务员要加强车厢巡视，做好宣传解释工作，不发牢骚，不得使用服务忌语。 （4）主动服务。列车长要组织列车乘务员做好旅客服务工作，通过服务消除旅客的不满，取得旅客的谅解。 （5）报告情况。动车组列车发生晚点时，列车长要在第一时间向领导汇报，晚点超过 30 min 的，列车长要及时与所在铁路局客运调度员和停留站车站值班员联系，报告车内情况，请求协助解决。 （6）了解需求。列车长要及时了解旅客的需求，对需中转换乘其他列车、民航航班，以及有紧急公务、商务事项的旅客，要认真、详细、准确登记，并按规定与车站办理交接手续。 （7）反馈信息。列车长要将车内旅客动态和现场处理情况，随时与段领导保持联系。 （8）交站处理。当旅客提出赔偿或要求退票时，依照铁路规章做好解释工作，必要时列车长可编制客运记录交站处理。在为旅客服务时，注意做好以下工作。 ① 对于提出质疑的旅客，列车长要会同乘警耐心做好解释工作，说明原因，拉近感情，取得旅客的谅解。 ② 对于旅客提出因列车晚点，签订经济合同的时间被延误，导致合同流产等情况，要求赔偿损失时，列车长要对列车无权给予旅客经济赔偿的规定进行耐心解释，可适当提出换乘建议。 ③ 对于要求退票的旅客，在列车上不办理退票。对已到达目的站的旅客，会同车站耐心做好晚点解释工作。如遇较大事故，长时间晚点，开车时间不能确定，旅客中途提出终止旅行时，及时协调车站对滞留旅客进行安排处理，按当地车站确定的方案，组织旅客办理退票手续，列车协助做好宣传工作。 ④ 对于其他特殊情况的处理。旅客要求列车出具晚点证明时，原则上不出具证明。如旅客反复提出，强烈要求，列车长可做简单文字说明，内容仅限：“××××年××月××日，××次列车晚点××小时××分”。加盖列车长名章，出具文字说明所用纸张不得使用客运记录和电报纸

实训考核与复盘加练

1. 考核标准

（1）作业步骤符合规范程序的程度；

（2）作业质量符合规范标准的程度；

（3）作业的整体流畅程度、熟练程度；

（4）与团队成员配合的程度。

2. 考核表

评分人	评分	评语	总分
本人（10 分）			
组长（30 分）			
教师（60 分）			

3. 复盘总结、提升措施与课后加练计划

复盘总结
提升措施与课后加练计划

任务 2.3.2　动车组列车行车中断时的应急处置作业

实训目标

（1）掌握乘务岗位真实工作任务：动车组列车行车中断时的应急处置作业程序
（2）掌握乘务岗位真实工作任务：动车组列车行车中断时的应急处置作业标准
（3）锻炼自主学习能力和实际动手能力

实训方案

第一步	由教师介绍实训的目的、方式、要求，调动学生实训的积极性
第二步	对学生进行分组，确定各小组的组长和人员分工，制订小组实训计划（了解团队要做什么，要达到什么目的）
第三步	教师介绍动车组列车行车中断时的应急处置作业的相关知识、技能和案例并布置任务
第四步	各小组对教师布置的任务进行讨论，并记录小组成员的发言
第五步	各小组逐人进行实训作业，小组长拍摄视频并撰写实训小结
第六步	各小组的组员进行自评，组长对各组员进行评价
第七步	各小组长汇报实训小结，教师点评、总结

实训步骤

真实工作任务	实训步骤
动车组列车行车中断时的应急处置作业	（1）发生行车中断，列车不能继续运行时，列车长应及时与司机或列车停留地车站值班员、铁路局调度员联系，随时掌握晚点时间、原因、预计到达时间等情况，做到心中有数，并及时向旅客做出解释，如实说明晚点的时间和原因，并通过广播向旅客表示歉意。 （2）发生线路中断，列车不能继续运行时，列车乘务员要加强车厢巡视，安抚旅客，在向旅客做好解释和服务工作的同时，维护车内秩序，保证车内治安情况良好。 （3）如停留时间长，列车长应组织好对旅客的服务、饮食供应等工作，尽最大努力为旅客提供方便，满足旅客的合理需求。 （4）列车停在车站的时间过长时，车站站长应组织力量协助列车长安抚旅客，旅客下车活动时，应将旅客组织到安全地带，确保旅客安全。 （5）列车长应积极与铁路局调度员联系，汇报车内情况，尽早恢复开车，线路中断列车不能继续运行时，对中途下车、退票、绕道的旅客，按章办理相关业务

实训考核与复盘加练

1. 考核标准

（1）作业步骤符合规范程序的程度；

（2）作业质量符合规范标准的程度；

（3）作业的整体流畅程度、熟练程度；

（4）与团队成员配合的程度。

2. 考核表

评分人	评分	评语	总分
本人（10 分）			
组长（30 分）			
教师（60 分）			

3. 复盘总结、提升措施与课后加练计划

复盘总结
提升措施与课后加练计划

任务 2.3.3 动车组列车发生旅客误按紧急制动阀或报警按钮的应急处置作业

实训目标

（1）掌握乘务岗位真实工作任务：动车组列车发生旅客误按紧急制动阀或报警按钮的应急处置作业程序
（2）掌握乘务岗位真实工作任务：动车组列车发生旅客误按紧急制动阀或报警按钮的应急处置作业标准
（3）锻炼自主学习能力和实际动手能力

实训方案

第一步	由教师介绍实训的目的、方式、要求，调动学生实训的积极性
第二步	对学生进行分组，确定各小组的组长和人员分工，制订小组实训计划（了解团队要做什么，要达到什么目的）
第三步	教师介绍动车组列车发生旅客误按紧急制动阀或报警按钮的应急处置作业的相关知识、技能和案例并布置任务
第四步	各小组对教师布置的任务进行讨论，并记录小组成员的发言
第五步	各小组逐人进行实训作业，小组长拍摄视频并撰写实训小结
第六步	各小组的组员进行自评，组长对各组员进行评价
第七步	各小组长汇报实训小结，教师点评、总结

实训步骤

真实工作任务	实训步骤
动车组列车发生旅客误按紧急制动阀或报警按钮的应急处置作业	（1）动车组列车发生旅客误按紧急制动阀时，乘务员应了解情况，根据信息系统的显示，及时将紧急制动阀复位，遇旅客误按报警按钮时，列车长第一时间到场确认。 （2）列车长通过车载电话向司机说明情况，说明停车原因。 （3）列车长连同乘警了解当事旅客姓名、地址、身份证号码、联系电话和事情经过，并形成详细的书面记录。 （4）列车长及时了解停车后旅客情况，发生旅客意外伤害时按照因意外造成旅客伤害处理。 （5）列车长及时向单位领导汇报

实训考核与复盘加练

1. 考核标准

（1）作业步骤符合规范程序的程度；

（2）作业质量符合规范标准的程度；

（3）作业的整体流畅程度、熟练程度；

（4）与团队成员配合的程度。

2. 考核表

评分人	评分	评语	总分
本人（10 分）			
组长（30 分）			
教师（60 分）			

3. 复盘总结、提升措施与课后加练计划

复盘总结
提升措施与课后加练计划

任务 2.3.4　动车组列车临时停电的应急处置作业

实训目标

（1）掌握乘务岗位真实工作任务：动车组列车临时停电的应急处置作业程序
（2）掌握乘务岗位真实工作任务：动车组列车临时停电的应急处置作业标准
（3）锻炼自主学习能力和实际动手能力

实训方案

第一步	由教师介绍实训的目的、方式、要求，调动学生实训的积极性
第二步	对学生进行分组，确定各小组的组长和人员分工，制订小组实训计划（了解团队要做什么，要达到什么目的）
第三步	教师介绍动车组列车临时停电的应急处置作业的相关知识、技能和案例并布置任务
第四步	各小组对教师布置的任务进行讨论，并记录小组成员的发言
第五步	各小组逐人进行实训作业，小组长拍摄视频并撰写实训小结
第六步	各小组的组员进行自评，组长对各组员进行评价
第七步	各小组长汇报实训小结，教师点评、总结

实训步骤

真实工作任务	实训步骤
动车组列车临时停电的应急处置作业	（1）遇有动车组列车临时停电时，乘务员应立即打开通风口，保证车内空气流通，遇停电时间长，导致车厢内空气混浊，有可能导致旅客窒息时，随车机械师、乘务员必须采取措施，保证车厢内空气流通。 （2）必要时，在停车情况下，可打开车门，此时，乘务员必须在车门口值守，旅客不得下车。 （3）遇夜间临时停电时，严禁明火照明。 （4）如不能及时修复故障，乘务员应通知司机立即通知就近车站并报告列车调度员，听候命令

实训考核与复盘加练

1. 考核标准

（1）作业步骤符合规范程序的程度；

（2）作业质量符合规范标准的程度；

（3）作业的整体流畅程度、熟练程度；

（4）与团队成员配合的程度。

2. 考核表

评分人	评分	评语	总分
本人（10 分）			
组长（30 分）			
教师（60 分）			

3. 复盘总结、提升措施与课后加练计划

复盘总结
提升措施与课后加练计划

任务 2.3.5　动车组列车车门发生故障的应急处置作业

实训目标

（1）掌握乘务岗位真实工作任务：动车组列车车门发生故障的应急处置作业程序
（2）掌握乘务岗位真实工作任务：动车组列车车门发生故障的应急处置作业标准
（3）锻炼自主学习能力和实际动手能力

实训方案

第一步	由教师介绍实训的目的、方式、要求，调动学生实训的积极性
第二步	对学生进行分组，确定各小组的组长和人员分工，制订小组实训计划（了解团队要做什么，要达到什么目的）
第三步	教师介绍动车组列车车门发生故障的应急处置作业的相关知识、技能和案例并布置任务
第四步	各小组对教师布置的任务进行讨论，并记录小组成员的发言
第五步	各小组逐人进行实训作业，小组长拍摄视频并撰写实训小结
第六步	各小组的组员进行自评，组长对各组员进行评价
第七步	各小组长汇报实训小结，教师点评、总结

实训步骤

真实工作任务	实训步骤
动车组列车车门发生故障的应急处置作业	（1）列车到站，司机操作开门按钮后，要从司机室显示屏上确认全列车门是否“释放”打开，如未“释放”，及时使用对讲机通知列车长，列车长通知各车门监控人员使用三角钥匙采取本地操作的手动模式打开车门。 （2）列车到站如个别车门未自动开启，且监控人员使用三角钥匙手动开门无效时，监控人员应及时使用电台通知列车长，并引导旅客到相邻车门下车。列车长接到通知后，立即和司机联系，并与随车机械师赶到现场处理。随车机械师确认车门故障一时无法修复时将该门隔离并通知列车长，此后各停靠站均引导旅客到相邻车门上、下车。随车机械师确认车门修复后告知列车长，列车长确认旅客乘降完毕后通知司机发车。 （3）列车开车如遇有车门未自动闭合时，比照上面两条处置程序办理。 （4）因车门故障导致旅客越站时，列车长按规定与车站办理交接，无须下车处理后续事宜。 （5）因车门故障导致旅客无法正常上下车时，由列车长、乘警、列车工作人员配合，认真开展安抚工作，劝导旅客保持冷静、看好行李、听从站车工作人员的指挥

实训考核与复盘加练

1. 考核标准

（1）作业步骤符合规范程序的程度；

（2）作业质量符合规范标准的程度；

（3）作业的整体流畅程度、熟练程度；

（4）与团队成员配合的程度。

2. 考核表

评分人	评分	评语	总分
本人（10 分）			
组长（30 分）			
教师（60 分）			

3. 复盘总结、提升措施与课后加练计划

复盘总结
提升措施与课后加练计划

任务 2.3.6　旅客或行李物品跌落在站台与车体之间的缝隙时的应急处置作业

实训目标

（1）掌握乘务岗位真实工作任务：旅客或行李物品跌落在站台与车体之间的缝隙时的应急处置作业程序
（2）掌握乘务岗位真实工作任务：旅客或行李物品跌落在站台与车体之间的缝隙时的应急处置作业标准
（3）锻炼自主学习能力和实际动手能力

实训方案

第一步	由教师介绍实训的目的、方式、要求，调动学生实训的积极性
第二步	对学生进行分组，确定各小组的组长和人员分工，制订小组实训计划（了解团队要做什么，要达到什么目的）
第三步	教师介绍旅客或行李物品跌落在站台与车体之间的缝隙时的应急处置作业的相关知识、技能和案例并布置任务
第四步	各小组对教师布置的任务进行讨论，并记录小组成员的发言
第五步	各小组逐人进行实训作业，小组长拍摄视频并撰写实训小结
第六步	各小组的组员进行自评，组长对各组员进行评价
第七步	各小组长汇报实训小结，教师点评、总结

实训步骤

真实工作任务	实训步骤
旅客或行李物品跌落在站台与车体之间的缝隙时的应急处置作业	（1）旅客或行李物品跌落在站台与车体之间的缝隙时，乘务员、列车长、随车机械师应立即通知司机和车站客运值班员，救助旅客或使用专用工具取出行李物品。 （2）处理完毕后，按规定程序关门。如物品掉落站台，确认不危及列车安全时，可待列车出发后由车站处理

实训考核与复盘加练

1. 考核标准

（1）作业步骤符合规范程序的程度；

（2）作业质量符合规范标准的程度；

（3）作业的整体流畅程度、熟练程度；

（4）与团队成员配合的程度。

2. 考核表

评分人	评分	评语	总分
本人（10 分）			
组长（30 分）			
教师（60 分）			

3. 复盘总结、提升措施与课后加练计划

复盘总结
提升措施与课后加练计划

任务 2.3.7　动车组列车空调发生故障的应急处置作业

实训目标

（1）掌握乘务岗位真实工作任务：动车组列车空调发生故障的应急处置作业程序
（2）掌握乘务岗位真实工作任务：动车组列车空调发生故障的应急处置作业标准
（3）锻炼自主学习能力和实际动手能力

实训方案

第一步	由教师介绍实训的目的、方式、要求，调动学生实训的积极性
第二步	对学生进行分组，确定各小组的组长和人员分工，制订小组实训计划（了解团队要做什么，要达到什么目的）
第三步	教师介绍动车组列车空调发生故障的应急处置作业的相关知识、技能和案例并布置任务
第四步	各小组对教师布置的任务进行讨论，并记录小组成员的发言
第五步	各小组逐人进行实训作业，小组长拍摄视频并撰写实训小结
第六步	各小组的组员进行自评，组长对各组员进行评价
第七步	各小组长汇报实训小结，教师点评、总结

实训步骤

真实工作任务	实训步骤
动车组列车空调发生故障的应急处置作业	（1）列车运行中发生空调故障，相关人员应迅速通知随车机械师及时处理。 （2）故障无法修复时，列车长、乘务员应及时向旅客说明情况，诚恳致歉，做好解释工作，在有条件的情况下，组织旅客到其他车厢就座，继续旅行，及时掌握车厢旅客动态，照顾好重点旅客，妥善解决旅客困难，稳定旅客情绪，维护车内秩序。 （3）全列空调故障，无法短时间修复时，列车长按规定拍发电报、编制客运记录，通知车站办理有关退费手续

实训考核与复盘加练

1. 考核标准

（1）作业步骤符合规范程序的程度；
（2）作业质量符合规范标准的程度；
（3）作业的整体流畅程度、熟练程度；
（4）与团队成员配合的程度。

2. 考核表

评分人	评分	评语	总分
本人（10 分）			
组长（30 分）			
教师（60 分）			

3. 复盘总结、提升措施与课后加练计划

复盘总结
提升措施与课后加练计划

任务 2.3.8　临时更换车底的应急处置作业

实训目标

（1）掌握乘务岗位真实工作任务：临时更换车底的应急处置作业程序
（2）掌握乘务岗位真实工作任务：临时更换车底的应急处置作业标准
（3）锻炼自主学习能力和实际动手能力

实训方案

第一步	由教师介绍实训的目的、方式、要求，调动学生实训的积极性
第二步	对学生进行分组，确定各小组的组长和人员分工，制订小组实训计划（了解团队要做什么，要达到什么目的）
第三步	教师介绍临时更换车底的应急处置作业的相关知识、技能和案例并布置任务
第四步	各小组对教师布置的任务进行讨论，并记录小组成员的发言
第五步	各小组逐人进行实训作业，小组长拍摄视频并撰写实训小结
第六步	各小组的组员进行自评，组长对各组员进行评价
第七步	各小组长汇报实训小结，教师点评、总结

实训步骤

真实工作任务	实训步骤
临时更换车底的应急处置作业	列车长接到临时性设备故障，列车需要更换车底的命令后，按照调度员要求，尽快通知乘警、随车机械师、保洁、餐饮、司机、乘务人员做好相应准备。 （1）列车长做好甩挂车的组织工作，积极与站方联系，掌握动车组列车热备车底情况，了解热备车底抵达时间和停靠站台，通过广播第一时间将列车的真实情况通知全体旅客，取得旅客的谅解与配合，并通知旅客如需要赶车、换乘可到车站改签或退票，以免耽误旅客的时间。 （2）乘务员要深入车厢全面做好旅客情绪安抚工作，备用车底到达后快速组织旅客安全乘降，提示旅客拿好随身携带品，旅客乘降完毕后，乘务员对车厢进行彻底巡查，防止旅客物品遗漏，保证尽快开车。 旅客座位的安排本着“先安排一等座车旅客再安排二等座车旅客”和“先到先安排”的原则，对一等座车旅客尽可能安排在热备车的一等座车中，不能安排时，应将其安排在有座位的二等座车或餐车就座，同时编制客运记录交到站退还差价。 无法安排入座的旅客原则上安排改签，若旅客自行要求乘车，应向旅客说明：只能安排无座乘车。遇有旅客情绪激动，不配合列车长工作的，列车长要做好耐心的解释工作，必要时向有关领导汇报并采取相应措施。 （3）乘警协助维持秩序并进行旅客携带品检查；随车机械师负责与司机联系并保证信息畅通；保洁员协助乘务员将保险柜、清扫工具、消耗品（杂志、服务指南、清洁袋、洗手液、卫生工具）转移到热备车底上定型摆放；餐饮服务人员将食品、套餐等定型摆放。 （4）列车开车后，列车长要带领全体乘务人员深入车厢安抚旅客情绪，说明原因，介绍情况，通过感情上的沟通，尽可能地关心旅客，请求旅客的谅解。 （5）列车长及时将车内旅客情况在第一时间向上级有关部门汇报

实训考核与复盘加练

1. 考核标准

（1）作业步骤符合规范程序的程度；

（2）作业质量符合规范标准的程度；

（3）作业的整体流畅程度、熟练程度；

（4）与团队成员配合的程度。

2. 考核表

评分人	评分	评语	总分
本人（10 分）			
组长（30 分）			
教师（60 分）			

3. 复盘总结、提升措施与课后加练计划

复盘总结
提升措施与课后加练计划

任务 2.3.9　座位号有误旅客的应急安排处置作业

实训目标

（1）掌握乘务岗位真实工作任务：座位号有误旅客的应急安排处置作业程序
（2）掌握乘务岗位真实工作任务：座位号有误旅客的应急安排处置作业标准
（3）锻炼自主学习能力和实际动手能力

实训方案

第一步	由教师介绍实训的目的、方式、要求，调动学生实训的积极性
第二步	对学生进行分组，确定各小组的组长和人员分工，制订小组实训计划（了解团队要做什么，要达到什么目的）
第三步	教师介绍座位号有误旅客的安排处置作业的相关知识、技能和案例并布置任务
第四步	各小组对教师布置的任务进行讨论，并记录小组成员的发言
第五步	各小组逐人进行实训作业，小组长拍摄视频并撰写实训小结
第六步	各小组的组员进行自评，组长对各组员进行评价
第七步	各小组长汇报实训小结，教师点评、总结

实训步骤

真实工作任务	实训步骤
座位号有误旅客的应急安排处置作业	（1）遇有重号的旅客，应认真核对两名旅客的车票，如果确认是重复的座位号码时，应先向旅客致歉，听取两名旅客的意见，观察哪一名旅客有想调换其他座位的意向。 （2）乘务员应及时报告列车长，列车长根据旅客人数判断同等级车厢是否有空座，尽量安排旅客尽快就座。不要让旅客自行在车厢内找空余座位就座，以免造成旅客因座位再次发生冲突而引起不满甚至导致投诉等。 （3）车内旅客较多，不便当时处理的，乘务员可以帮助后到的重号旅客提拿行李，到服务间内稍加等候，等全部旅客上车后，让后到的重号旅客在相同等级的车厢选择空余座位入座。 （4）确定旅客人数不是很多的情况下可征求旅客的意见，是喜欢坐靠过道还是靠窗户的座位，尽量满足旅客要求。 （5）如在开车后发现车站售票系统故障导致售票错误（重号、超票额售票）时，应利用剩余座位对误售旅客进行妥善安置（可不受车厢、席别限制），主动向旅客做好解释工作，并向铁路局客运调度员汇报。 （6）属于售票系统发生较大故障不能正常按票额发售有座位票，导致旅客乘车秩序混乱（无座位车票、无票人员较多时），列车长要以大局为重，积极与车站联系，组织列车工作人员（必要时可请乘警、保洁人员协助），对旅客进行疏导，安排座位，要首先保证重点旅客的安置。遇车内出现严重问题或局面不好控制时要及时向铁路局汇报

实训考核与复盘加练

1. 考核标准

（1）作业步骤符合规范程序的程度；

（2）作业质量符合规范标准的程度；

（3）作业的整体流畅程度、熟练程度；

（4）与团队成员配合的程度。

2. 考核表

评分人	评分	评语	总分
本人（10 分）			
组长（30 分）			
教师（60 分）			

3. 复盘总结、提升措施与课后加练计划

复盘总结
提升措施与课后加练计划

任务 2.3.10　动车组发生故障组织旅客换乘的应急处置作业

实训目标

（1）掌握乘务岗位真实工作任务：动车组发生故障组织旅客换乘的应急处置作业程序
（2）掌握乘务岗位真实工作任务：动车组发生故障组织旅客换乘的应急处置作业标准
（3）锻炼自主学习能力和实际动手能力

实训方案

第一步	由教师介绍实训的目的、方式、要求，调动学生实训的积极性
第二步	对学生进行分组，确定各小组的组长和人员分工，制订小组实训计划（了解团队要做什么，要达到什么目的）
第三步	教师介绍动车组发生故障组织旅客换乘的应急处置作业的相关知识、技能和案例并布置任务
第四步	各小组对教师布置的任务进行讨论，并记录小组成员的发言
第五步	各小组逐人进行实训作业，小组长拍摄视频并撰写实训小结
第六步	各小组的组员进行自评，组长对各组员进行评价
第七步	各小组长汇报实训小结，教师点评、总结

实训步骤

<table>
<tr><th>真实工作任务</th><th>实际情况类型</th><th>实训步骤</th></tr>
<tr><td rowspan="3">动车组发生故障组织旅客换乘的应急处置作业</td><td>组织旅客换乘后续列车</td><td>（1）动车组发生故障在区间或站内停留时，列车长应与司机、随车机械师联系，了解故障情况，并通过广播向旅客通告和致歉。列车长应听从司机指挥，处理有关行车、列车防护和事故救援等事宜。
（2）列车长与司机保持联系，接到司机下达故障列车旅客换乘后续列车的命令后，迅速向乘务员传达命令指示，及时利用广播（停电无广播时由乘务员在车厢中部位置）向旅客致歉，并讲清楚换乘时间和安全注意事项，取得旅客对换乘工作的支持。
（3）随车机械师负责做好跨越线路的临线防护工作；司机向运行所在局客运调度员汇报情况，并及时向列车长转达铁路局客运调度员的指示；乘警、乘务员、保洁员、餐饮服务员做好解释、安抚致歉，以及需换乘的人数清点和安全防护工作。
（4）列车与后续列车停靠同一站台时，在车站站长（无站长时为客运负责人）的指挥下，可以提前组织旅客上站台等候，后续列车到达停稳后，乘务人员协助车站组织旅客有序上车。
（5）横过股道组织旅客上站台换乘后续列车时，列车长必须取得车站同意，按规定时间，在车站站长（无站长时为客运负责人）指挥下，组织旅客有序地到站台等候上车。
（6）在邻股道门对门组织旅客换乘后续列车时，严禁打开车门让旅客下车到股道上等候，必须在后续列车到达停稳后，方可使用工具梯组织旅客换乘。换乘时，乘务班组要与赶到现场的所在地的车站工作人员、公安干警协调配合，在车站领导的统一指挥下，组织旅客换乘，并负责维护车内秩序，转运换乘时间原则上不超过 30 min。
（7）旅客换乘完毕后，故障车列车工作人员要将工具梯收好交予随车机械师定位存放。同时，对打开的车门进行复位，并关闭车门</td></tr>
<tr><td>组织旅客换乘热备动车组</td><td>（1）动车组运行途中遇故障无法修复时，启用热备动车组救援，组织旅客换乘。车站应尽量安排两列动车组在同一站台，以方便旅客换乘。
（2）列车长要组织全体乘务人员向旅客做好解释工作，安抚、稳定旅客情绪，维持车内秩序，指导旅客做好换乘准备。
（3）先安排一等座车的旅客换乘，再安排二等座车的旅客换乘。按座号顺序安排，避免拥挤。一等座车的旅客安排不完，可以安排到二等座车或餐车就座，对这部分旅客需编制客运记录交车站办理，并退还票价差额。
（4）热备动车组定员少于故障动车组实际人数时，余下安排不了的旅客，原则上安排改签；旅客自行要求乘车的，向旅客说明可以安排无座位乘车。
（5）对安排不了的旅客和旅客自愿不乘车的，可以在车站办理退票，不收手续费</td></tr>
<tr><td>组织旅客换乘热备列车（非动车组）</td><td>（1）由铁路局客运调度员通知原动车组车次改为特快或快速列车的车次和开车时间。
（2）车站应指定专人到指定地点引导旅客办理收回动车组车票、换发新客票并退还票价差额。
（3）旅客换乘时，持有停运动车组列车车票的旅客，必须换新车票才能上车。乘务员要认真验票，严禁持其他车次车票的旅客上车</td></tr>
</table>

实训考核与复盘加练

1. 考核标准

（1）作业步骤符合规范程序的程度；
（2）作业质量符合规范标准的程度；
（3）作业的整体流畅程度、熟练程度；
（4）与团队成员配合的程度。

2. 考核表

评分人	评分	评语	总分
本人（10 分）			
组长（30 分）			
教师（60 分）			

3. 复盘总结、提升措施与课后加练计划

复盘总结
提升措施与课后加练计划

任务 2.3.11　动车组列车发生旅客集体拒绝下车时的应急处置作业

实训目标

（1）掌握乘务岗位真实工作任务：动车组列车发生旅客集体拒绝下车时的应急处置作业程序
（2）掌握乘务岗位真实工作任务：动车组列车发生旅客集体拒绝下车时的应急处置作业标准
（3）锻炼自主学习能力和实际动手能力

实训方案

第一步	由教师介绍实训的目的、方式、要求，调动学生实训的积极性
第二步	对学生进行分组，确定各小组的组长和人员分工，制订小组实训计划（了解团队要做什么，要达到什么目的）
第三步	教师介绍动车组列车发生旅客集体拒绝下车时的应急处置作业的相关知识、技能和案例并布置任务
第四步	各小组对教师布置的任务进行讨论，并记录小组成员的发言
第五步	各小组逐人进行实训作业，小组长拍摄视频并撰写实训小结
第六步	各小组的组员进行自评，组长对各组员进行评价
第七步	各小组长汇报实训小结，教师点评、总结

实训步骤

真实工作任务	实训步骤
动车组列车发生旅客集体拒绝下车应急处置作业	（1）车站在接到因动车组列车晚点、更换列车等级等原因导致旅客集体拒绝下车的信息时，车站站长（副站长）及有关车间干部要立即赶到现场，了解情况，亲自指挥，立即组织部署客运、公安部门增加人员接车。 （2）公安部门在接到车站通知后，要立即组织力量到现场维持秩序。 （3）动车组列车晚点到达后，车站应组织有关人员向旅客做耐心的解释工作，尽快组织旅客下车出站，对拒绝下车的旅客，应全力做好劝说工作，请旅客下车到专门地点进行处理。 （4）列车工作人员应协助车站工作人员做好说服解释工作。 （5）因晚点造成旅客没有赶上所乘列车时，车站工作人员及时为旅客按章办理改签、退票手续。 （6）对旅客因晚点集体拒绝下车的处理情况，车站应及时向客运调度员汇报，同时向铁路局客运处汇报。 （7）发生旅客滞留列车时应注意以下问题。 ① 发生旅客以滞留列车的方式向铁路部门要求晚点或空调故障赔偿时，车站工作人员应当以说服劝解、诚恳道歉为主，耐心细致地做好解释工作和相关法律法规的宣传工作，稳定旅客情绪，化解旅客怨气，力争取得旅客的理解和配合。 ② 公安部门要积极配合客运部门，认真开展滞留旅客的说服工作，争取旅客的理解和支持。同时，要向旅客宣传法律知识，告知可以通过其他合法渠道和方式维护合法权益，劝说旅客听从车站工作人员的安排到指定地点协商解决，并协助车站工作人员引导旅客下车。 ③ 公安部门在全力协助过程中，严禁携带枪支。客运部门在说服旅客离开车厢时，现场应有公安人员维持秩序，经反复工作劝离无效时，公安人员应宣布《关于严禁旅客滞留列车维护铁路运输秩序和安全的通知》，并组织足够的公安警力，对拒不下车的人员依法采取措施带离车厢。对煽动旅客滞留车厢和扰乱列车治安、破坏铁路运输秩序，用暴力手段对抗执法的个别人员，要认真调查取证，依法追究法律责任。劝阻中要依法依规，有理有节，文明执法

实训考核与复盘加练

1. 考核标准

（1）作业步骤符合规范程序的程度；

（2）作业质量符合规范标准的程度；

（3）作业的整体流畅程度、熟练程度；

（4）与团队成员配合的程度。

2. 考核表

评分人	评分	评语	总分
本人（10 分）			
组长（30 分）			
教师（60 分）			

3. 复盘总结、提升措施与课后加练计划

复盘总结
提升措施与课后加练计划

模块3
高速铁路乘务作业一体化演练

本模块充分利用新形态活页式教材在装订形式上的优势，将模块2的21个任务随机“插入”模块1的7个任务中，还原真实的高速铁路乘务作业情境。本模块具体包括一体化演练模式概述、初阶一体化演练、中阶一体化演练、高阶一体化演练4个项目。

项目 3.1　一体化演练模式概述

1. 高速铁路乘务作业一体化演练模式整体设计思路

模块 1 高速铁路乘务常规作业实训、模块 2 高速铁路乘务特殊情况实训涉及的 6 个项目、28 个任务，覆盖了大部分高速铁路乘务工作单项任务。这些任务中，模块 1 的 7 个常规任务具有时间线性关系，一般情况下，顺序固定，按固定流程进行演练，可以完成一次乘务作业的常规工作过程。模块 2 的 21 个特殊任务则具有随机性、突发性、临时性的特点，这些任务具有是否发生不确定、什么时间发生不确定的特点。这些任务可能出现在始发、途中、终到 3 大常规项目的任何阶段。将 21 个特殊任务随机融入 7 个常规任务中，可以模拟真实的乘务工作场景，实现高速铁路乘务工作一体化演练。开展高速铁路乘务工作一体化演练，为全面、有效地开展上岗前的“岗位练兵”提供了便利，最大限度地培养了学生的岗位技能，实现人才培养与岗位就业的无缝衔接。

2. 高速铁路乘务作业一体化演练方案概况

高速铁路乘务作业一体化演练分为初阶、中阶、高阶 3 个由易到难、由简单到复杂的层次，读者可依次递进开展演练。

初阶一体化演练按乘务始发作业、乘务途中作业实训、乘务终到作业实训的顺序连续进行。初阶一体化演练旨在让学生实施一次乘务作业常规过程的连贯演练，帮助学生熟悉一次乘务作业的全过程。

中阶一体化演练在乘务始发作业、乘务途中作业、乘务终到作业间插入 1 至 2 个特殊情况任务，进行初步的综合性一体化演练。

高阶一体化演练在乘务始发作业、乘务途中作业、乘务终到作业间插入 3 至 4 个特殊情况任务，进行复杂的综合性一体化演练。

项目 3.2　初阶一体化演练

任务 3.2.1　初阶一体化演练 1

一体化演练步骤

按以下顺序进行一体化演练。

任务 1.1.1　出乘准备作业

↓

任务 1.1.2　始发开车前、后作业

↓

任务 1.2.1　运行中作业

↓

任务 1.2.2　途中票务作业

↓

任务 1.2.3　中途停站作业

↓

任务 1.3.1　终到（不立即返程）作业

一体化演练考核与复盘加练

1. 考核标准

（1）作业步骤符合规范程序的程度；

（2）作业质量符合规范标准的程度；

（3）作业的整体流畅程度、熟练程度；

（4）与团队成员配合的程度。

2. 考核表

评分人	评分	评语	总分
本人（10 分）			
组长（30 分）			
教师（60 分）			

3. 复盘总结、提升措施与课后加练计划

复盘总结
提升措施与课后加练计划

任务 3.2.2　初阶一体化演练 2

一体化演练步骤

按以下顺序进行一体化演练。

任务 1.1.1　出乘准备作业

↓

任务 1.1.2　始发开车前、后作业

↓

任务 1.2.1　运行中作业

↓

任务 1.2.2　途中票务作业

↓

任务 1.2.3　中途停站作业

↓

任务 1.3.2　返程（折返）作业

一体化演练考核与复盘加练

1. 考核标准

（1）作业步骤符合规范程序的程度；

（2）作业质量符合规范标准的程度；

（3）作业的整体流畅程度、熟练程度；

（4）与团队成员配合的程度。

2. 考核表

评分人	评分	评语	总分
本人（10 分）			
组长（30 分）			
教师（60 分）			

3. 复盘总结、提升措施与课后加练计划

复盘总结
提升措施与课后加练计划

项目 3.3　中阶一体化演练

任务 3.3.1　中阶一体化演练 1（插入 1 个特殊情况任务）

一体化演练步骤

第一步，将以下 A、B、C、D 4 个正方形裁下，对折后，抽取其中的 1 个，抽中的正方形所代表的位置为第二步抽中的特殊任务所需“插入”的位置。

A	B	C	D

第二步，将以下 21 个写有特殊任务的正方形裁下，分别对折后，抽取其中的 1 个正方形。将抽中的该正方形所代表的特殊任务，插入第一步抽中的位置。

任务 2.1.1　专项接待服务准备作业	任务 2.1.2　专项接待服务程序及作业标准	任务 2.2.1　动车组发生火灾、爆炸事故处置作业	任务 2.2.2　动车组列车发生旅客意外伤害应急处置作业
任务 2.2.3　动车组列车发生旅客突发疾病或因病死亡应急处置作业	任务 2.2.4　动车组列车发生旅客食物中毒应急处置作业	任务 2.2.5　动车组列车上发现鼠疫、霍乱及其他国务院公布的传染病等重大疫情应急处置作业	任务 2.2.6　运行中车辆发生异常时应急处置作业
任务 2.2.7　动车组列车不能继续运行，旅客需下车等待救援应急处置作业	任务 2.2.8　动车组列车运行中发生事故，旅客需紧急逃生时应急处置作业	任务 2.3.1　动车组列车发生晚点时的应急处置作业	任务 2.3.2　动车组列车行车中断的应急处置作业
任务 2.3.3　动车组列车发生旅客误按紧急制动阀或报警按钮的应急处置作业	任务 2.3.4　动车组列车临时停电的应急处置作业	任务 2.3.5　动车组列车车门发生故障的应急处置作业	任务 2.3.6　旅客或行李物品跌落在站台与车体之间的缝隙时的应急处置作业
任务 2.3.7　动车组列车空调发生故障的应急处置作业	任务 2.3.8　临时更换车底的应急处置作业	任务 2.3.9　座位号有误旅客的应急安排处置作业	任务 2.3.10　动车组发生故障组织旅客换乘的应急处置作业
任务 2.3.11　动车组列车发生旅客集体拒绝下车时的应急处置作业			

注：若抽中任务 2.3.11 动车组列车发生旅客集体拒绝下车时的应急处置作业，则其只能放在 D 位置。

第三步，打开第二步抽中的某 1 个正方形，将抽中的该正方形中显示的特殊任务填入下面的演练步骤流程图中。

任务 1.1.1　出乘准备作业

↓

任务 1.1.2　始发开车前、后作业

↓

A □

↓

任务 1.2.1　运行中作业

↓

B □

↓

任务 1.2.2　途中票务作业

↓

C □

↓

任务 1.2.3　中途停站作业

↓

D □

↓

任务 1.3.1　终到（不立即返程）作业

第四步，根据上面的演练步骤流程图，按顺序进行一体化演练。

一体化演练考核与复盘加练

1. 考核标准

（1）作业步骤符合规范程序的程度；

（2）作业质量符合规范标准的程度；

（3）作业的整体流畅程度、熟练程度；

（4）与团队成员配合的程度。

2. 考核表

评分人	评分	评语	总分
本人（10 分）			
组长（30 分）			
教师（60 分）			

3. 复盘总结、提升措施与课后加练计划

复盘总结
提升措施与课后加练计划

任务 3.3.2　中阶一体化演练 2（插入 2 个特殊情况任务）

一体化演练步骤

第一步，将以下 A、B、C、D 4 个正方形裁下，分别对折后，按顺序抽取其中的 2 个，抽中的 2 个正方形所代表的位置为第二步抽中的特殊任务所需“插入”的位置。

A	B	C	D

第二步，将以下 21 个写有特殊情况任务的正方形裁下，对折后，按顺序抽取其中的 2 个正方形。抽中的正方形所代表的特殊任务，插入第一步抽中的 2 个位置中。

任务 2.1.1 专项接待服务准备作业	任务 2.1.2 专项接待服务程序及作业标准	任务 2.2.1 动车组发生火灾、爆炸事故处置作业	任务 2.2.2 动车组列车发生旅客意外伤害应急处置作业
任务 2.2.3 动车组列车发生旅客突发疾病或因病死亡应急处置作业	任务 2.2.4 动车组列车发生旅客食物中毒应急处置作业	任务 2.2.5 动车组列车上发现鼠疫、霍乱及其他国务院公布的传染病等重大疫情应急处置作业	任务 2.2.6 运行中车辆发生异常时应急处置作业
任务 2.2.7 动车组列车不能继续运行，旅客需下车等待救援应急处置作业	任务 2.2.8 动车组列车运行中发生事故，旅客需紧急逃生时应急处置作业	任务 2.3.1 动车组列车发生晚点时的应急处置作业	任务 2.3.2 动车组列车行车中断的应急处置作业
任务 2.3.3 动车组列车发生旅客误按紧急制动阀或报警按钮的应急处置作业	任务 2.3.4 动车组列车临时停电的应急处置作业	任务 2.3.5 动车组列车车门发生故障的应急处置作业	任务 2.3.6 旅客或行李物品跌落在站台与车体之间的缝隙时的应急处置作业
任务 2.3.7 动车组列车空调发生故障的应急处置作业	任务 2.3.8 临时更换车底的应急处置作业	任务 2.3.9 座位号有误旅客的应急安排处置作业	任务 2.3.10 动车组发生故障组织旅客换乘的应急处置作业
任务 2.3.11 动车组列车发生旅客集体拒绝下车时的应急处置作业			

注：若抽中任务 2.3.11 动车组列车发生旅客集体拒绝下车时的应急处置作业，则其只能放在 D 位置。

第三步，打开第二步抽中的 2 个正方形，将抽中这 2 个正方形中显示的特殊任务按顺序填入下面的演练步骤流程图中。

任务 1.1.1　出乘准备作业

↓

任务 1.1.2　始发开车前、后作业

↓

A □

↓

任务 1.2.1　运行中作业

↓

B □

↓

任务 1.2.2　途中票务作业

↓

C □

↓

任务 1.2.3　中途停站作业

↓

D □

↓

任务 1.3.1　终到（不立即返程）作业

第四步，根据上面的演练步骤流程图，按顺序进行一体化演练。

一体化演练考核与复盘加练

1. 考核标准

（1）作业步骤符合规范程序的程度；

（2）作业质量符合规范标准的程度；

（3）作业的整体流畅程度、熟练程度；

（4）与团队成员配合的程度。

2. 考核表

评分人	评分	评语	总分
本人（10 分）			
组长（30 分）			
教师（60 分）			

3. 复盘总结、提升措施与课后加练计划

复盘总结
提升措施与课后加练计划

项目 3.4　高阶一体化演练

任务 3.4.1　高阶一体化演练 1（插入 3 个特殊情况任务）

一体化演练步骤

第一步，将以下 A、B、C、D 4 个正方形裁下，分别对折后，按顺序抽取其中的 3 个，抽中的 3 个正方形所代表的位置为第二步抽中的特殊任务所需“插入”的位置。

A	B	C	D

第二步，将以下 21 个写有特殊情况任务的正方形裁下，对折后，按顺序抽取其中的 3 个正方形。抽中的正方形所代表的特殊任务，插入第一步抽中的 3 个位置中。

任务 2.1.1　专项接待服务准备作业	任务 2.1.2　专项接待服务程序及作业标准	任务 2.2.1　动车组发生火灾、爆炸事故处置作业	任务 2.2.2　动车组列车发生旅客意外伤害应急处置作业
任务 2.2.3　动车组列车发生旅客突发疾病或因病死亡应急处置作业	任务 2.2.4　动车组列车发生旅客食物中毒应急处置作业	任务 2.2.5　动车组列车上发现鼠疫、霍乱及其他国务院公布的传染病等重大疫情应急处置作业	任务 2.2.6　运行中车辆发生异常时应急处置作业
任务 2.2.7　动车组列车不能继续运行,旅客需下车等待救援应急处置作业	任务 2.2.8　动车组列车运行中发生事故,旅客需紧急逃生时应急处置作业	任务 2.3.1　动车组列车发生晚点时的应急处置作业	任务 2.3.2　动车组列车行车中断的应急处置作业
任务 2.3.3　动车组列车发生旅客误按紧急制动阀或报警按钮的应急处置作业	任务 2.3.4　动车组列车临时停电的应急处置作业	任务 2.3.5　动车组列车车门发生故障的应急处置作业	任务 2.3.6　旅客或行李物品跌落在站台与车体之间的缝隙时的应急处置作业
任务 2.3.7　动车组列车空调发生故障的应急处置作业	任务 2.3.8　临时更换车底的应急处置作业	任务 2.3.9　座位号有误旅客的应急安排处置作业	任务 2.3.10　动车组发生故障组织旅客换乘的应急处置作业
任务 2.3.11　动车组列车发生旅客集体拒绝下车时的应急处置作业			

注：若抽中任务 2.3.11 动车组列车发生旅客集体拒绝下车时的应急处置作业，则其只能放在 D 位置。

第三步，打开第二步抽中的 3 个正方形，将抽中这 3 个正方形中显示的特殊任务按顺序填入下面的演练步骤流程图中。

任务 1.1.1　出乘准备作业

↓

任务 1.1.2　始发开车前、后作业

↓

A □

↓

任务 1.2.1　运行中作业

↓

B □

↓

任务 1.2.2　途中票务作业

↓

C □

↓

任务 1.2.3　中途停站作业

↓

D □

↓

任务 1.3.1　终到（不立即返程）作业

第四步，根据上面的演练步骤流程图，按顺序进行一体化演练。

一体化演练考核与复盘加练

1. 考核标准

（1）作业步骤符合规范程序的程度；

（2）作业质量符合规范标准的程度；

（3）作业的整体流畅程度、熟练程度；

（4）与团队成员配合的程度。

2. 考核表

评分人	评分	评语	总分
本人（10 分）			
组长（30 分）			
教师（60 分）			

3. 复盘总结、提升措施与课后加练计划

复盘总结
提升措施与课后加练计划

任务 3.4.2 高阶一体化演练 2（插入 4 个特殊情况任务）

一体化演练步骤

第一步，将以下 A、B、C、D 4 个正方形裁下，分别对折后，按顺序抽取这 4 个正方形，抽中的位置和顺序为第二步抽中的特殊任务所需“插入”的位置和顺序。

A	B	C	D

第二步，将以下 21 个写有特殊任务的正方形裁下，对折后，按顺序抽取其中的 4 个正方形。抽中的正方形所代表的特殊任务，插入第一步抽中的 4 个位置中。

任务 2.1.1 专项接待服务准备作业	任务 2.1.2 专项接待服务程序及作业标准	任务 2.2.1 动车组发生火灾、爆炸事故处置作业	任务 2.2.2 动车组列车发生旅客意外伤害应急处置作业
任务 2.2.3 动车组列车发生旅客突发疾病或因病死亡应急处置作业	任务 2.2.4 动车组列车发生旅客食物中毒应急处置作业	任务 2.2.5 动车组列车上发现鼠疫、霍乱及其他国务院公布的传染病等重大疫情应急处置作业	任务 2.2.6 运行中车辆发生异常时应急处置作业
任务 2.2.7 动车组列车不能继续运行，旅客需下车等待救援应急处置作业	任务 2.2.8 动车组列车运行中发生事故，旅客需紧急逃生时应急处置作业	任务 2.3.1 动车组列车发生晚点时的应急处置作业	任务 2.3.2 动车组列车行车中断的应急处置作业
任务 2.3.3 动车组列车发生旅客误按紧急制动阀或报警按钮的应急处置作业	任务 2.3.4 动车组列车临时停电的应急处置作业	任务 2.3.5 动车组列车车门发生故障的应急处置作业	任务 2.3.6 旅客或行李物品跌落在站台与车体之间的缝隙时的应急处置作业
任务 2.3.7 动车组列车空调发生故障的应急处置作业	任务 2.3.8 临时更换车底的应急处置作业	任务 2.3.9 座位号有误旅客的应急安排处置作业	任务 2.3.10 动车组发生故障组织旅客换乘的应急处置作业
任务 2.3.11 动车组列车发生旅客集体拒绝下车时的应急处置作业			

注：若抽中任务 2.3.11 动车组列车发生旅客集体拒绝下车时的应急处置作业，则其只能放在 D 位置。

第三步，打开第二步抽中的 4 个正方形，将抽中这 4 个正方形中显示的特殊任务按顺序填入下面的演练步骤流程图中。

任务 1.1.1　出乘准备作业

↓

任务 1.1.2　始发开车前、后作业

↓

A □

↓

任务 1.2.1　运行中作业

↓

B □

↓

任务 1.2.2　途中票务作业

↓

C □

↓

任务 1.2.3　中途停站作业

↓

D □

↓

任务 1.3.1　终到（不立即返程）作业

第四步，根据上面的演练步骤流程图，按顺序进行一体化演练。

一体化演练考核与复盘加练

1. 考核标准

（1）作业步骤符合规范程序的程度；
（2）作业质量符合规范标准的程度；
（3）作业的整体流畅程度、熟练程度；
（4）与团队成员配合的程度。

2. 考核表

评分人	评分	评语	总分
本人（10 分）			
组长（30 分）			
教师（60 分）			

3. 复盘总结、提升措施与课后加练计划

复盘总结

提升措施与课后加练计划

参 考 文 献

[1] 王涛，张颖. 铁路客运作业实训与演练. 北京：北京交通大学出版社，2022.